D1934710

Naturerlebnis Nordhessen

Manfred Delpho | Wolfgang Lübcke

Der Urwald Sababurg

Wartberg Verlag

Vorwort

Der Urwald Sababurg im Reinhardswald ist ein nordhessisches Kleinod und überregional bekannt. Einst ein Hutewald, ist er heute das älteste Naturschutzgebiet Hessens, in dem sich seit über hundert Jahren die Natur entfalten kann. Mit seinen mächtigen, knorrigen Baumriesen und seiner vielseitigen Tier- und Pflanzenwelt präsentiert sich der Urwald Sababurg wie ein Märchen- und Zauberwald. Er gilt als der am meisten fotografierte Wald Deutschlands und zieht neben den inländischen regelmäßig auch viele ausländische Besucher in seinen Bann.

Förster und Ökologen, Künstler und Kinder, Naturfotografen und Menschen, die die Besucher durch den Urwald führen, Pilzkundler und Ornithologen – sie alle berichteten dem Autor Wolfgang Lübcke in diesem Buch über ihr ganz persönliches Verhältnis zu diesem geheimnisvollen Wald und wie sie ihn kennen und lieben lernten.

Mit viel Liebe zum Detail hat der Naturfotograf Manfred Delpho die Schönheit des einzigartigen Naturschutzgebiets festgehalten. Seine brillanten Fotografien zeigen manch verborgenen Schatz des Urwald Sababurg. Darüber hinaus führen seine Bilder zu den Beberbecker Eichen. Mit der Kamera fängt er den beliebten Tierpark Sababurg ein, das gleichnamige Dornröschenschloss und die prächtigen Eichenalleen des Reinhardswaldes.

Lassen Sie sich von der Schönheit des Urwald Sababurg faszinieren!

Grenzsteine erzählen Geschichte – unterwegs mit dem Förster

Wir machen mit Förster Wilfried Bettenhausen, der im Forstamt Reinhardshagen für die Betreuung der Naturschutzgebiete zuständig ist, einen Rundgang durch den Urwald Sababurg. Sein Appell: Bitte auf den Wegen bleiben! Nicht nur der Natur, sondern auch der eigenen Sicherheit zuliebe. Schließlich kann in einem Naturwald jederzeit ein morscher Ast herabstürzen. „Wir wollen diesen einmaligen Lebensraum schützen und zugleich die Menschen an die Natur heranführen“, betont Bettenhausen.

Wenn Förster Wilfried Bettenhausen eine Gruppe durch den Urwald Sababurg führt, macht er gleich eines deutlich: Auch wenn in diesem wunderbaren Wald Urwald-Gefühle aufkommen, er ist trotz seines

Ehemaliger Hutewald mit Adlerfarn, ca. 1925.

Namens kein Urwald, also ein vom Menschen unberührt aufgewachsener Wald, sondern vielmehr ein alter Hutewald. In ihn wurde früher Vieh zur Waldweide getrieben, was schon die Forstnamen „Hammelhute“ und „Kuhberg“ verraten. Im Sommerhalbjahr weideten Rinder, Pferde sowie Schafe, im Herbst diente der Wald der Schweinemast.

Auf diese Geschichte verweist ein Grenzstein am Rande des Parkplatzes am Urwald Sababurg mit den Buchstaben BBH, die für Beberbecker Hute stehen. Auf allen Hute-Grenzsteinen findet sich die Jahreszahl 1748. In diesem Jahr erließ der hessische Landgraf das „Waldhute-Reglement vom Reinhardwalde“. Dieses wies den Berechtigten bestimmte Bereiche zu und begrenzte gleichzeitig die Menge der Tiere. Zahlreiche Reinhardswald-Orte wie Hofgeismar, Gottsbüren, Hombressen und Trendelburg besaßen Hute-Rechte am Kuhberg. Da war natürlich Streit vorprogrammiert.

Hute-Grenzstein aus dem Jahr 1748 mit Waldeidechse. Die Beberbecker Hute (BBH) reichte bis an den heutigen Urwald Sababurg.

Wie in alten Zeiten – Eichelmast-Schwein im Basdorfer Hutewald am Edersee.

Durch eine heftige Auseinandersetzung um die Hute-Rechte zwischen den Gottsbürern und Trendelburgern wurde der Kuhberg bereits 1588 aktenkundig.

Förster Bettenhausen lenkt unseren Blick noch weiter zurück in die Geschichte des Reinhardswaldes. Im frühen Mittelalter herrschte ein günstiges Klima. Auf „Wölbäckern", deren wellenartige Geländeformen noch hier und da zu erkennen sind, war Getreideanbau möglich. Anfang des 15. Jahrhunderts setzte die „Kleine Eiszeit" ein und die Menschen mussten den Ackerbau aufgeben. Um überleben zu können, waren sie gezwungen, ihr Vieh in den Wald zu treiben. Dieser entwickelte sich zu einem wichtigen Standbein der Landwirtschaft.

Für den Wald freilich hatte die Waldweide schlimme Auswirkungen. Junge Bäume konnten kaum noch hoch wachsen. Erst die Fortschritte in der Landwirtschaft setzten der Waldweide ein Ende, denn Kartoffelanbau und Kleeaussaat ermöglichten die Stallfütterung des Viehs. Zum Beispiel erhielt Hofgeismar 1886 für die Ablösung der Schweinehute am Kuhberg 72 000 Mark, wofür eine neue Schule gebaut werden konnte. Die letzten Huterechte wurden 1895 abgelöst.

Der Förster schildert den Wandel dieses Gebietes: Nachdem die Waldweide aufgegeben und der Kuhberg 1907 unter Schutz gestellt wurde, eroberte der Buchenwald die einst halboffene Hutelandschaft. Nur dort, wo sich der Adlerfarn mit seinen langen unterirdischen Kriechsprossen ausbreitete, konnten keine jungen Bäumchen Fuß fassen. Noch in den 1950er-Jahren wurden Gras und Adlerfarn für die Landwirtschaft gemäht, sowie hier und da Brennholz gewonnen. Der Förster macht uns auf einige vielstämmige alte Erlen aufmerksam. Diese Baumgestalten sind durch Abholzen und erneuten Austrieb entstanden.

Nach wiederholtem Abschneiden der Stämme zur Brennholznutzung hat diese Erle durch Stockausschlag mehrere Stämme entwickelt.

Auf den Farnfeldern hat das Forstamt hundert junge Eichen anpflanzen lassen, wo sie nicht unter dem Konkurrenzdruck durch die Buche stehen, wie ihre Artgenossen in den bewaldeten Bereichen. „Wir möchten in dem Gebiet langfristig Eichen erhalten. Auch die alten Huteeichen sind schließlich angepflanzt worden“, erklärt Bettenhausen.

Am Rande des großen Farnfeldes entdecken wir ein schönes Exemplar eines alten Wildapfelbaums, der gerade in voller Blüte steht. Die im Gebiet gar nicht so seltenen Wildäpfel wurden einst im Hutewald angepflanzt, haben sich aber auch von selbst ausgesamt.

Bettenhausen führt uns zu vielen weiteren Kostbarkeiten des Urwald Sababurg. Da sind beispielsweise die bemerkenswerten Bestände des Siebensterns, dessen Name sich von den sieben weißen Blütenblättern ableitet. „In dieser alten Eiche konnte ein Käfer-Experte den seltenen Eremiten feststellen“, sagt Bettenhausen und erläutert die ganz speziellen Lebensbedingungen dieser geschützten Art.

Wir spüren, Wilfried Bettenhausen nimmt mit Leib und Seele seine Aufgabe als Naturschutzförster wahr, und er kann Menschen für den besonderen Charakter und die Vielfalt des Urwald Sababurg begeistern.

Der Siebenstern hat seinen Namen von den sieben weißen Blütenblättern.

Historischer Hutewald oder „Urwald"

Die Fotos einer Postkartenserie vom Urwald Sababurg, die Susanne Homann 1911 angefertigt hat, sind ein ganz besonderer Schatz. Ihre Bilddokumentation zeigt sehr schön, wie der einstige Hutewald vor hundert Jahren ausgesehen hat, knapp zwei Jahrzehnte nach Ablösung der alten Huterechte. Wir blicken in eine halboffene Landschaft mit mächtigen alten Eichen, dazwischen Grasland und eingestreute Büsche. Der Kontrast zu der heutigen Situation ist nicht zu übersehen. Das Gebiet ist inzwischen ganz überwiegend bewaldet und seine Strukturen nähern sich mehr und mehr einem Naturwald an, der urwaldähnlich aussieht.

Vielleicht mag sich der Betrachter der historischen Bilder fragen, ob man nicht durch Pflegemaßnahmen den Charakter des einstigen Hutewaldes wieder herstellen sollte, handelt es sich doch um ein agrarhistorisches Denkmal, das an die Zeiten erinnert, als Beweidung die Hauptnutzung des Waldes darstellte.

Fofografisch erfasst: Der Urwald Sababurg vor hundert Jahren.

Ansichtskarte aus dem Jahr 1926: links die Eiche „Margarete".

Die „Margarete" heute.

So präsentiert sich der Urwald Sababurg heute: Zwischen Baumriesen sprießt junges Buchengrün.

Wir befragen Dr. Marcus Schmidt. Der Diplom-Biologe ist wissenschaftlicher Mitarbeiter im Bereich Waldnaturschutz und Naturwaldforschung an der Nordwestdeutschen Forstlichen Versuchsanstalt in Göttingen und engagiert sich seit vielen Jahren ehrenamtlich im Naturschutz.

Marcus Schmidt stellt zwei gegensätzliche Leitbilder gegenüber: Ein mögliches Leitbild ist die Erhaltung des historischen Hutewaldes durch Freistellen der alten Bäume und Wiederaufnahme der Beweidung. Aus Naturschutzsicht ist das grundsätzlich eine interessante Option, denn Hutewälder gehören zu den heute selten gewordenen nährstoffarmen Lebensräumen und weisen eine überdurchschnittlich hohe Artenvielfalt auf. Das andere Leitbild entspricht dem Urwald mit konsequentem Unterlassen von Pflegeeingriffen.

Bezogen auf den Urwald Sababurg vertritt Marcus Schmidt eine klare Position: „Durch die lange ungestörte natürliche Vegetationsentwicklung dieses Gebietes bedeutet der Versuch, den historischen Hute-

Rundblättriger Sonnentau – eine fleischfressende Pflanze.

wald zu regenerieren, ein starkes Arbeiten gegen die Natur. Das würde ich nicht machen. Selbstverständlich ist es auch für mich schmerzhaft, zu sehen, wenn wieder eine der schönen, alten Eichen abgestorben ist. Die natürliche Entwicklung strebt aber einem Buchenwald zu. Hinzu kommt, dass die Besucher ja auch das Erleben von Wildnis erwarten und drastische Pflegemaßnahmen nur schwer zu vermitteln wären."

Marcus Schmidt betont, es gebe im Reinhardswald durchaus Flächen, die sich für eine langfristige Erhaltung des Hutewaldes eignen. Wenn man einen Eindruck von dem charakteristischen halboffenen Bild des Hutewaldes gewinnen möchte, empfiehlt er einen Besuch im Naturschutzgebiet „Oberes Lempetal" bei Hombressen. Ein gelungenes Beispiel für die Erhaltung einer historischen Hutelandschaft bietet das etwa 50 Hektar große Naturschutzgebiet „Hühnerfeld" im benachbarten Kaufunger Wald. Bereits vor 400 Jahren hat die Stadt Hann. Münden diese Hochfläche als Hutung für das Jungvieh genutzt. Seit 1993 erfolgt eine Beweidung mit robusten Islandpferden, inzwischen verstärkt durch eine Mutterkuh-Herde. Nach Einstellung der historischen Beweidung hatte sich auf großer Fläche der fast mannshohe Adlerfarn ausgebreitet und andere Pflanzen verdrängt. Durch die Beweidung erhielten bestimmte Pflanzenarten, die früher auch an feuchten Standorten im jetzigen Urwald Sababurg zahlreich vertreten waren, wieder eine Chance. Als Beispiele seien das Schmalblättrige Wollgras genannt mit seinen hübschen, wattebauschähnlichen Blütenständen und der Rundblättrige Sonnentau, eine seltene fleischfressende Pflanze.

Schmalblättriges Wollgras.

Jugendliebe Wald

Fragt man den Naturfotografen Manfred Delpho, wie seine Begeisterung für die Natur und insbesondere den Wald geweckt wurde, erinnert er sich an seine Kindheit und Jugend in Elgershausen bei Kassel. Dort war er Waldläufer und Mitglied der Waldjugend, die von seinem Lehrer Hans Gießler betreut wurde. Delpho erzählt: „In unserer Gruppe drehte sich alles um den Wald. Gießler verstand es hervorragend, Kinder zu motivieren. Wir hatten eine Holzhütte im Wald, in der wir uns ein- bis zweimal in der Woche trafen. Vielfältige Spiele und Streifzüge in der Natur, Nachtwanderungen und Fahrten mit Übernachtung im Zelt haben uns nachhaltig geprägt."

Als Naturfotograf hat Manfred Delpho Jahre später zusammen mit seiner Frau Gisela zahlreiche Reisen in andere Länder unternommen und die unterschiedlichsten Wälder gesehen. Nirgendwo entdeckte er einen Wald wie den Urwald Sababurg. „Gerade unter dem Gesichtspunkt der Waldästhetik habe ich nichts Vergleichbares gefunden", betont er. So viele ehrwürdige Eichen und Buchen, konzentriert auf engem Raum, sind für ihn etwas ganz Besonderes.

Buchenlaub umgrünt eine abgestorbene Eiche.

Wäre „Schlangenbuche“ nicht ein passender Name für diesen Baum?

Der Adlerfarn bietet dem Fuchs im Herbst hervorragende Tarnung.

Natürlicher Wandel, vom Hutewald zum Buchenwald.

Das Große Mausohr – ein nächtlicher Insektenjäger.

Im Nationalpark Kellerwald, den er ebenfalls gern und oft besucht, hat er viele prachtvolle Baumgestalten mit seiner Kamera porträtiert. Aber dort muss er diese, eben ganz anders als im Urwald Sababurg, als Einzelexemplare, verteilt über eine große Fläche, suchen.

Die alten Bäume im Urwald Sababurg besitzen für Manfred Delpho eine faszinierende Ausstrahlung: „Sie sind mystische Zeugen einer längst vergangenen Zeit der Waldnutzung." Als Naturfotograf wird es ihm nie langweilig, denn er erlebt und dokumentiert die Natur in stets neuen Facetten. Je nach Jahres- und Tageszeiten, den unterschiedlichsten Wetterbedingungen und wechselnden Lichtstimmungen bietet der Urwald Sababurg überraschende Ansichten und Motive.

Ein Buchenkeimling entfaltet seine ersten Laubblätter.

Frühling, Sommer …

... Herbst und Winter. Eine Huteiche im Wechsel der Jahreszeiten.

Ritter Dietrich

Wir haben uns mit Dieter Uffelmann von der Hofgeismarer Touristinformation am Urwald Sababurg verabredet. Gerade eilt er von einem Termin mit amerikanischen Journalisten herbei, denen er den Reinhardswald nahe gebracht hat, natürlich auch den Urwald Sababurg. Nun will er uns durch diese Natur-Kathedrale führen und begrüßt uns am Eingang zum Urwald im mittelalterlichen Gewand als Ritter Dietrich.

Dieter Uffelmann alias Ritter Dietrich.

Bereits nach seinen ersten Worten spüren wir: Dieser Mann geht ganz in seiner Rolle auf. Er braucht die sagenumwobene Figur eigentlich gar nicht zu spielen. Mit seinem Habitus, seiner Sprache und seinen Gesten ist er in dem Märchenwald ganz einfach der Ritter Dietrich.

Nur im ersten Moment überrascht er mit der Art und Weise, wie er uns anspricht. Er regt uns immer wieder zum Schauen und Staunen an, zum intensiven Wahrnehmen der alten Bäume. Fast wären wir über ein paar Wurzeln gestolpert, die sich über unseren Weg hinwegziehen. „Das sind die Zwerge“, sagt Ritter Dietrich. „Ohne die Zwerge können die Riesen – das sind die eindrucksvollen Baumgestalten – nicht existieren. Die Wurzeln sind die eigentlich Mächtigen.“ Dass Ritter Dietrich solche Bilder gern auf die menschliche Gesellschaft bezieht, wird uns spätestens klar, als wir vor einer schräg gewachsenen Birke stehen, die, von dem starken Ast einer Buche gestützt, vor Entwurzelung durch den nächsten Sturm bewahrt wird. Dem anderen die Hand reichen, Rücksichtnahme und Toleranz üben, das ist die symbolische Bedeutung, die Ritter Dietrich anhand der ungewöhnlichen Baumformation vermitteln möchte.

Einen fast zehn Meter langen, tief ansitzenden Ast einer anderen Buche macht unser Ritter zu einer Baumschlange, die nicht aufgibt und ständig zum Licht hin wächst. Ein anderes Sinnbild erfahren wir an einer alten abgestorbenen Eiche. Ritter Dietrich fordert uns auf zu beschreiben, welche Gestalten wir in den knorrigen, mit Moos bewachsenen Ästen erkennen können. Nur nach wenigen Schritten bietet sich uns eine völlig andere Perspektive auf diesen Baum und wir erkennen ganz neue Strukturen. „Jedes Ding hat zwei Seiten“, sagt Ritter Dietrich. „Man muss einfach ab und zu

Die Wurzeln sind die Mächtigen.

mal seinen Standpunkt ändern, um zu erkennen, was der andere meint."

Mit seinem Führungskonzept im Urwald Sababurg möchte Dieter Uffelmann zum Staunen anregen, denn, so betont er: „In der Vielfalt liegt die Stärke."

Wir möchten wissen, wie Dieter Uffelmann dazu gekommen ist, als Ritter Dietrich Besucher durch den Reinhardswald zu führen. Auslöser war vor zwei Jahrzehnten die Klage eines holländischen Ehepaares, das auf der Trendelburg zu Gast war, es gebe kaum Angebote für ihre Kinder. Spontan versprach Uffelmann, am nächsten Morgen als Ritter zum gemeinsamen Frühstück auf der Trendelburg zu erscheinen. Im Laufe der Jahre hat er die Konzepte für seine Führungen weiterentwickelt und variiert. Der Kern bleibt: Neue Ideen zum Schauenlernen verbindet der Ritter mit anregenden Gedanken über das menschliche Leben.

Bei seinen Auftritten zieht er nicht nur Kinder in den Bann. Ritter Dietrich erzählt von einer interessanten Erfahrung mit einer Seminargruppe, in deren Sitzungen es zuvor sehr kontrovers zugegangen war. Die Diskussionen hatten unter den Teilnehmern schmerzende Gegensätze aufgerissen, die mit Uffelmanns Führung durch den Urwald Sababurg rasch verflogen. „Wir waren plötzlich wieder eine Gruppe“, beschrieb der Seminarleiter diesen Prozess.

Bäume sind Gedichte, die die Erde
in den Himmel schreibt.
Khalil Gibran (1883–1931)

„Jedes Ding hat zwei Seiten“ – wie diese zwei Ansichten eines Baumes.

Die verwunschenen Eichen

Wir stehen vor der berühmten Wappeneiche, die im Volksmund „Dicke Berta“ genannt wird. Ihre Betrachtung verknüpft Ritter Dietrich mit der Reinhardswald-Sage von den verwunschenen Eichen:

Auf der Sababurg hauste ein Riese, der mit dem Riesen auf dem Schöneberg in Fehde lag. Doch die Kinder der verfeindeten Riesen waren einander sehr zugetan. Als der Riese auf der Sababurg davon erfuhr, verbot er seiner Tochter Berta bei strenger Strafe, sich mit Kuno, dem Sohn des Schönebergers, zu treffen. Aber die Liebenden missachteten das Verbot. Noch ehe sie zueinander gelangen konnten, verwandelte sie der zauberkundige Riese von der Sababurg in Eichenbäume.

Die Riesenkinder gaben nicht auf, doch jedes Mal, wenn sie ihre Äste zueinander reckten, schlug das Schicksal zu. Ein Blitz oder ein Sturm vereitelte ihr Bemühen. Die Kuno-Eiche brannte eines Tages völlig ab. Noch steht die Eiche Berta. Aber es wird nicht lange dauern, bis dieser alte und morsche Baum zusammenbricht und dann vom Fluch des Vaters erlöst ist.

Ihr ist ein einziger grünender Ast verblieben. Mit einem Bein, erklärt Ritter Dietrich, ist die „Dicke Berta“ schon in der Unterwelt, mit dem anderen noch auf dieser Welt. Der lebende Ast ist der Vermittler zwischen den Lebenden und den Toten und symbolisiert zugleich, dass das Leben nach dem Tod des Baumes weitergeht.

„Der Starke hilft dem Schwachen“ – ein Buchenast stützt eine Birke.

Für Dieter Uffelmann sind die Führungen oft ein Geben und Nehmen. So berichtet er von einer deutsch-russischen Besuchergruppe, mit der er im Vorfeld eine ganz besondere Ergänzung seines Rundgangs im Urwald vereinbart hatte. Unbemerkt von den anderen konnten sich drei Tänzerinnen und zwei Musiker von der Gruppe absetzen. Als diese zu einem hohlen Baum gelangte, ertönte plötzlich Musik. Nach und nach schlüpften drei Elfen aus dem Baum und tanzten um ihn im Reigen. Eine intensive Stimmung hielt die ganze Gruppe gefangen.

Sie möchten Ritter Dietrich begegnen? Gut möglich! Nehmen Sie Kontakt auf über das Touristbüro Märchenland Reinhardswald: Tel. 05671/5070400.

www.reinhardswald.de

Theodor Rocholl und das Malerreservat

Der Urwald Sababurg verdankt seine Ausweisung zum ersten hessischen Naturschutzgebiet im Jahr 1907 nicht etwa einem Naturschützer, sondern einem Maler. Es war Theodor Rocholl (1854–1933), dem das Verdienst der Bewahrung dieses ehemaligen Hutewaldes zukommt.

Bereits als Fünfzehnjähriger war er zusammen mit seinem Vater durch das Holzapetal zur Sababurg gewandert und hatte dabei die berühmten alten Eichen des Reinhardswalds kennengelernt. Die damals entstandenen Skizzen waren die Grundlage für seine erfolgreiche Bewerbung an der Kunstakademie Dresden. Ab 1897/1898 zog es Rocholl immer wieder zum Malen in den Reinhardswald. Auf der Suche nach Motiven erlebte er die fortschreitende Umwandlung des einst großflächigen Hutewaldes in einen modernen Wirtschaftswald durch die preußische Forstverwaltung. Der verwildernde Eichenbestand am Kuhberg unweit der Sababurg war so auf etwa ein Fünftel seiner früheren Ausdehnung zusammengeschmolzen.

In seiner 1921 veröffentlichten Autobiographie „Ein Malerleben. Erinnerungen“ schreibt Rocholl: „Einige Jahre später gelang es mir, mit Hilfe von Professor Conventz (...) zwei Schläge des Sababurger Kuhbergs zu retten und als Naturpark festzulegen.“ Hugo Conventz war Leiter der 1906 errichteten Staatlichen Stelle für Naturdenkmalpflege in Preußen. Allerdings ging es Rocholl nicht um Naturschutz als Schutz von Lebensräumen und Erhaltung der Artenvielfalt, wie wir ihn heute verstehen. Sein Kernanliegen beschreibt Helmut Burmeister, Leiter des Stadtmuseums Hofgeismar, so:

„Rocholl wollte ein Stück Baum gewordene uralte Zeit festhalten. Die alten Eichen waren für ihn Symbole. Sie repräsentierten Beständigkeit und Festigkeit im Kampf des Lebens.“ Die Natur werde von Rocholl geradezu mythologisch überhöht. Fernab ihres tatsächlichen Alters erschienen ihm die Baumveteranen als „Überreste aus Karls des Großen Zeit“. Freilich gehe es ihm keineswegs nur allein um die Darstellung von Bäumen als Zeugen deutscher Geschichte, sondern auch um deren ästhetischen Wert. Die Bäume wirkten als Gestalten so formecht wie die vielen von ihm porträtierten Pferde. Auf einen bestimmten Malstil lasse sich Rocholl nicht festlegen. Gleichwohl seien impressionistische Einflüsse unverkennbar. Dies gelte zum Beispiel für sein letztes Reinhardswald-Bild „Alte Eichen im Urwald Sababurg“ (1933). Dieses zeige wohl keinen realen Landschaftsausschnitt, aber bilde das Charakteristische eines Hutewalds ab.

Helmut Burmeister bezeichnet Theodor Rocholl als *den* Maler des Reinhardswalds, der zu den bedeutenden Vertretern der Düsseldorfer Schule zählt. Viele andere Maler zog es in den Reinhardswald, unter ihnen Peter Paul Müller (1853–1915) und den bekannten Willingshäuser Künstler Carl Bantzer (1857–1941), Rocholl allein aber hielt diesem Waldgebiet über Jahrzehnte hinweg die Treue. Eine Reihe von Malern orientierte sich an Rocholls Werk. Stellvertretend nennt Helmut Burmeister Helen Meyer-Moringen (1898–1965), die sogar einige der Rochollschen Landschafts- und Pferdebilder nachgemalt hat.

Seit 1977 sammelt Helmut Burmeister in dem von ihm ehrenamtlich verantworteten Stadtmuseum Hof-

„Alte Eichen im Urwald Sababurg" Ölgemälde von Theodor Rocholl, Frühjahr 1933.

geismar die Werke von Theodor Rocholl. Es ist ihm gelungen, insgesamt über 600 Belege und damit den bedeutendsten Bestand an Werken dieses Malers zusammenzutragen. Hinzu kommt eine Dokumentation aller Veröffentlichungen über den Maler sowie dessen ca. 4 500 Eintragungen umfassendes Werkverzeichnis.

Mehrfach hat das Museum inhaltlich unterschiedlich akzentuierte Ausstellungen gezeigt: Theodor Rocholl als Historien- und Schlachtenmaler in verschiedenen Kriegen, weiter die China-Bilder, die während seiner Teilnahme am Boxeraufstand 1900/1901 entstanden sind, und natürlich seine Landschaftsbilder aus dem Reinhardswald.

Helmut Burmeister erinnert sich daran, wie die Sammlung entstanden ist: „Es gelang uns 1977, vier der alten Leihgaben mit Geldern der Stadt als Eigentum zu erwerben. Privat habe ich dann den Betrag für das fünfte Bild vorgelegt." Ein persönliches Lieblingsbild will Helmut Burmeister nicht nennen: „Da gibt es viele Bilder, die mir wirklich gut gefallen."

Wildnis ist kostbar!

Der nordhessische Kabarettist Karl Garff liebt den Wald am Kleeberg in der Nähe von Gut Waitzrodt bei Immenhausen. Hier findet er Ruhe und Entspannung. Wir begleiten ihn auf einem Spaziergang zu den alten Huteeichen. Sie stehen in lockerem Verband mitten in einem forstlich genutzten, aber naturnahen, reich strukturierten Mischwald. Der Name Triftweg erinnert an längst vergangene Zeiten, als die Bauern der Umgebung ihr Vieh in diesen Wald trieben. Entlang des Weges stehen Eichen, für die baumbegeisterte Menschen der Region schon vor Jahren eine Patenschaft übernommen haben. Manch einer der alten Riesen mitten im Bestand ist bedrängt von Fichten. Einige Bäume erinnern Karl Garff an Bilder berühmter Maler, so von Caspar David Friedrich, dem bedeutendsten Vertreter der deutschen Frühromantik.

Diese hohle Huteeiche bei Immenhausen ist Karl Garffs Lieblingsbaum.

Werden und Vergehen – neues Leben auf einem vermodernden Eichenstamm.

Karl Garff führt uns zu einigen seiner Lieblingsplätze, die er als kleine Wildnisinseln mitten im Forst bezeichnet. Natürlich ist er vom Urwald Sababurg begeistert, aber es sei schön, auch außerhalb eines solchen Reservats weithin unbekannte Wildnisinseln für sich im Reinhardswald zu entdecken. Da ist zum Beispiel eine uralte, morsche Buche, von der ein dicker, schon mit Moos überzogener Ast abgebrochen ist. Daneben ragt hoch auf eine ebenfalls sehr starke, aber noch vitale Buche. An anderer Stelle liegt ein dicker Eichenstamm, den Karl Garff über zwanzig Jahre hinweg regelmäßig betrachtet hat: „Zuerst lag er wie ein Fremdkörper auf dem Waldboden. Nun hat die Natur ihn erobert, gewissermaßen an sich genommen.“ Auf ihm wachsen Moose, Flechten und Farne, Sauerklee, und sogar kleine Ebereschen und Fichten. „Der Name Totholz für einen abgestorbenen Baum mag ein gängiger Fachbegriff sein, aber etwas in mir sträubt sich dagegen“, betont Garff.

Und dann macht er uns auf eine Stelle aufmerksam: „Schauen Sie nur mal auf diesen alten Stamm, auf die Strukturen und Farben, gemalt würde man es für abstrakte Kunst halten.“ Am Ende des abgebrochenen Stammes ist gut zu beobachten, wie das einst harte Eichenholz nun als feiner Mulm zu Boden rieselt und bald zu Humus wird. Hierzu zitiert Garff aus dem Goethe-Gedicht „Selige Sehnsucht“:

Und so lang du das nicht hast,
Dieses: Stirb und Werde!
Bist du nur ein trüber Gast
Auf der dunklen Erde.

Das Werden und Vergehen in der Natur möchte er nicht ohne Weiteres als Sinnbild auf das menschliche Leben übertragen, denn das Sterben der alten Bäume habe nichts Tragisches, sei nicht schmerzlich. Die Natur bleibt gelassen. Vergehen und Werden sind miteinander ver-

Am Stamm einer Eiche entdeckt – Sauerklee.

Gemalt würde man diesen Stammausschnitt für abstrakte Kunst halten.

bunden. Dennoch, meint Garff, kann der Blick auf die Natur für uns Menschen hilfreich und tröstlich sein.

Zum Thema Wildnis hat Karl Garff eine klare Position, Wildnis habe im Gegensatz zu früheren Jahrhunderten nichts Bedrohliches mehr. Wildnis sei eine notwendige Ergänzung zur Kulturlandschaft, denn sie zeige uns die „Urbilder des Lebens". Karl Garff verweist auf Adalbert Stifter. In dessen Erzählung „Der Hochwald" dient der einst von Menschen unberührte Wald im Quellgebiet der Moldau als Fluchtstätte in Kriegszeiten. Diesen Wald nennt Stifter „noch schöner als die schönen Gärten und Felder, welche Menschen machen, weil auch er ein Garten ist, aber ein Garten eines reichen und großen Herrn, der ihn durch tausend Diener bestellen lässt; in ihm ist gar kein Unkraut, weil der Herr jedes Kräutlein liebet und schätzt". „Ja", meint Karl Garff, „Wildnis ist schön und vor allem ist sie in unserer Zeit besonders kostbar."

Mit Wolfskindern im Urwald

Als für die Weltausstellung Expo 1992 in Sevilla ein einstündiger Werbefilm über Deutschland gedreht werden sollte, standen ganze drei Minuten für das Thema Wald zur Verfügung. Die Frage war nun, wo gedreht werden sollte: In Bayern oder im Schwarzwald? Die Wahl fiel schließlich auf den Reinhardswald und insbesondere den Urwald Sababurg. Begleitet wurde das Filmteam von Förster Hermann-Josef Rapp. Er ist mit dem Reinhardswald wie kaum ein anderer vertraut, hat unzählige Besuchergruppen geführt und Vorträge gehalten, immer mit besonderer Berücksichtigung des Urwald Sababurg. „Es liegt mir am Herzen, den Wert dieses einmaligen Waldes möglichst vielen Menschen nahe zu bringen“, betont er. Kein hessischer Wald sei so oft im Fernsehen zu sehen, denn der Urwald Sababurg lockt viele Filmteams in den Reinhardswald, bis hin zum japanischen Fernsehen und australischen Kinderfernsehen. Für Märchenfilme war er mehrfach eine willkommene Kulisse, zum Beispiel für „König Drosselbart“.

Von seinen vielen Besuchergruppen, die Hermann-Josef Rapp durch den Urwald Sababurg geführt hat, sind ihm zwei in besonders lebhafter Erinnerung.

Auf Einladung des damaligen Bundespräsidenten Christian Wulff besuchte im Mai 2011 eine Gruppe von „Wolfskindern“ aus Litauen Deutschland. Mit dem Kriegsende und nach dem Einmarsch der Roten Armee im nördlichen Ostpreußen flüchteten viele elternlose Kinder in die Wälder und gelangten in die baltischen Staaten. Isoliert von anderen Menschen aufgewachsen, unterschieden sich diese Kriegswaisen in ihrem Verhalten von anderen Kindern. Über ihr schweres Schicksal hat Sonya Winterberg das Buch „Wir sind die Wolfskinder“ geschrieben. „Es war zutiefst bewegend, zu erleben, wie diese Menschen in einer sehr emotionalen Weise dem Urwald Sababurg begegneten“, schildert Hermann-Josef Rapp. Zum Beispiel umarmten sie die Bäume. Der Urwald Sababurg erinnerte sie offensichtlich an die Wälder, in denen sie sich in den Wirren der Nachkriegszeit versteckt gehalten hatten.

Ein anderes Mal hatte sich eine Gruppe von Neublinden angemeldet, also Menschen, die in den ersten Jahren ihres Lebens sehen konnten und dann erblindeten. Zur Vorbereitung dieses Besuchs hat Hermann-Josef Rapp sich den Urwald Sababurg noch einmal ganz genau angesehen, obwohl er ihn doch so gut kennt. Es galt, geeignete Stellen auszuwählen, alte Individuen verschiedener Baumarten, die sich für das Erleben nur mit dem Tast- und Geruchssinn eigneten.

Seine Methode, den Besuchern den Wildnischarakter des Gebietes nahe zu bringen, beschreibt er so: „Ich lasse den Wald erst einmal auf sie wirken und dann komme ich mit ihnen ins Gespräch über ihre Wahrnehmungen und Empfindungen.“ Seine lebendige, prägnante sprachliche Darstellung, verstärkt durch Mimik und Gestik, beeindruckt. Das berichtet zum Beispiel eine Teilnehmerin aus Hannoversch Münden. Zu Recht werde Hermann-Josef Rapp, die „Stimme des Reinhardswalds“ genannt.

Gefragt, ob nicht der im Laufe der Jahre gestiegene Besucherdruck dem Naturschutzgebiet geschadet habe, beantwortet Hermann-Josef Rapp mit einem klaren Nein. Der Urwald Sababurg sei hervorragend geeignet, Menschen an Naturerleben heranzuführen.

Hermann-Josef Rapp macht auf die Hackspuren eines Buntspechts aufmerksam.

Er verweist auf das Wegegebot und betont, dass sich die ab 1992 angelegten, inzwischen 660 Meter langen Bohlenpfade durch das Gebiet bestens bewährt haben. Diese führen zu allen besonders interessanten Punkten. Stolz ist Hermann-Josef Rapp darauf, dass auch Rollstuhlfahrer Zugang haben.

Sein Fazit: Die Situation des Naturschutzgebietes ist nicht schlechter geworden, im Gegenteil: „Es liegt weniger Müll im Wald als früher und es gibt kaum Vandalismus. Und das ohne ständige Sozialkontrolle. Die Besucher achten aber darauf, dass auch andere sich angemessen in diesem schönen Stück Natur verhalten."

Buntspechte ringeln Bäume und lecken den austretenden Saft auf.

Faszination alte Bäume – Eine Führung mit Hermann-Josef Rapp.

Bäume sind Persönlichkeiten

Auf seine Visitenkarte hat der Maler Norman E. Rogers „Bäume sind Persönlichkeiten“ drucken lassen, die zentrale Botschaft seiner Bilder. „Meine Porträts der Bäume sollen ihre Wichtigkeit und ihren individuellen Charakter dem Betrachter näher bringen. Die Arbeit in der Natur gibt mir einen persönlichen Kontakt zu meinem Objekt, ein persönliches Gefühl, welches ich durch meine Kunst vermitteln will.“ Es geht ihm darum, den „Geist und die Seele“ der von ihm porträtierten Bäume auszudrücken. Den alten, knorrigen Bäumen, denen man ansieht, wie sie mit Wind und Wetter kämpfen müssen, gebühre Respekt. Diesen Ge-

Mit ihren ausladenden Ästen hat die „Schlangenbuche“ viel Platz erobert.

Die „Schlangenbuche" aus der Sicht des Malers.

danken überträgt der Maler auf alte Menschen, in deren Gesichtern eine bisweilen schwere Vergangenheit zu lesen ist. Insofern gewinnen seine Baumbilder eine symbolische Bedeutung.

Immer wieder hat Norman Rogers beobachtet, dass Menschen Besonderheiten in der Natur wie einen prächtigen alten Baum gar nicht wahrnehmen, ein Phänomen, das er auf den Verlust eigenen Entdeckens infolge der Medienberieselung zurückführt. Er betont: „Ich male, um die Bäume den Menschen nahe zu bringen."

2006 erschien die Briefmarke mit der berühmten Beberbeck-Eiche. Ihr Designer hat sie ohne eigene Anschauung nach einem Foto gestaltet. Die Briefmarke gefällt Norman Rogers, aber seine Arbeitsweise ist eine ganz andere: „Ich muss den Baum sehen und eine Beziehung zu ihm entwickeln. Die jeweilige Atmosphäre gehört für mich einfach dazu." Ähnlich wie der Naturfotograf möchte er die Stimmung einfangen und achtet auf die spezifischen Bedingungen, insbesondere auf das richtige Licht. Der Fotoapparat ist für ihn nur Notbehelf, ein Hilfsmittel, zum Beispiel, wenn er ein Bild nicht vollenden kann, weil es zu regnen beginnt. Bevorzugt malt er die Bäume im Frühjahr oder Herbst, weil er sie dann besser sehen kann.

Wenn man in einer Ausstellung Norman Rogers Baumbilder bestaunt, fällt auf, dass auf vielen seiner Bilder der Baumstamm das zentrale Motiv bildet.

Die Wappeneiche – Lieblingsbaum des Males Norman Rogers.

Norman Rogers porträtiert die Wappeneiche.

Dieser interessiert ihn besonders, weil er das Individuelle, den besonderen Charakter des Baumes zum Ausdruck bringt. Dabei malt er den Stamm nicht rein naturalistisch, sondern konzentriert die Darstellung auf das Wesentliche.

Norman Rogers arbeitet mit verschiedenen Techniken: Acryl, Pastell, Ölpastell, Rötel und Graphit. Danach gefragt, welche sich für seine Baumporträts am besten eigne, mag er sich nicht so recht entscheiden. Mit den verschiedenen Techniken könne er unterschiedliche Eigenschaften eines Baumes herausarbeiten, aber er zeigt sich begeistert von der Arbeit mit Graphitstift und Pastellfarben.

Den Reinhardswald lernte Norman Rogers schon 1986 kennen. Seine dienstlichen Aufgaben für die US-Armee führten den gebürtigen Amerikaner auch nach Rothwesten. Seine Termine richtete er sich so ein, dass er an den Wochenenden den Reinhardswald erwandern konnte. Mit dem Malen alter Bäume begann er erst 1991. „Damals half mir diese Tätigkeit, eine schwierige persönliche Situation zu bewältigen“, berichtet der Künstler. Heute ist Norman Rogers, der in der Tradition von Caspar David Friedrich steht, einer der prominentesten zeitgenössischen Baummaler. Er bekennt: „Ich bin ein Romantiker.“

Im Reinhardswald malte er 1998 zum ersten Mal. Während es ihn mit seiner Staffelei vor allem in den Urwald Sababurg zog, wanderte seine Frau im Reinhardswald und entdeckte für ihren Mann lohnende Motive. Norman Rogers Lieblingsbaum im Urwald Sababurg ist die Wappeneiche. Am Beispiel dieses Baumes, aus dessen Stamm nur noch ein einziger lebender Ast wächst, kann er zeigen, „wie Bäume mit den Unbilden der Zeit ringen und in Würde sterben“. So wurde es anlässlich einer Ausstellungseröffnung in der Orangerie von Putbus auf der Insel Rügen formuliert.

Kinder im Urwald

Wie erleben Kinder den Urwald Sababurg mit seinen imposanten Baumriesen? Wir begleiteten zwölf Kinder im Alter von drei bis sechs Jahren aus der Integrativen Kindertagesstätte Adolf-Häger-Strasse der Stadt Hofgeismar und deren Erzieherinnen.

Einige Kinder kennen den Urwald, Felix sagt sofort: „Hier war ich schon mit Oma und Opa." Ganz selbstverständlich und voller Neugier nehmen die Kinder mit wachen Sinnen Besitz von diesem faszinierenden Wald.

Gemeinsam bestaunen Erzieherinnen und Kinder den Baumriesen.

Abenteuer Baum.

Fabian findet einen trockenen Ast und meint: „Der sieht aus wie eine Schlange."

Henry spießt zwei frische grüne Buchenblätter auf ein gegabeltes Stöckchen: „Ich habe einen Schmetterling gebaut, seht mal, wie der seine Flügel bewegt!" Andere ahmen ihn nach.

„Das ist ein Specht!", weiß Aurelien, als ein Trommeln aus den Baumkronen zu hören ist, und Mia hat auf dem Weg einen Waldmistkäfer entdeckt. Sie bewundert, wie schön der glitzert und bittet die anderen Kinder, nicht auf ihn zu treten.

Die Erzieherinnen regen die Kinder zum Schauen an. „Seht doch einmal nach oben in diesen Baum." – „Der ist aber riesig!", ruft der fünfjährige Chiwan spontan aus.

Nun geht es um die Frage, wie alt die Eiche ist und Naomi staunt nicht schlecht, als sie erfährt, dass der Baum älter ist als ihre Großmutter.

Merle kann ganz allein einen jüngeren Baum umarmen, aber geht das auch mit dem dicken Baum? „Wollt ihr Merle dabei helfen", fragt die Erzieherin und schon umringt die Gruppe den Baumriesen, alle Hände werden gebraucht!

Die Locheiche gibt den Durchblick.

Jetzt werden die Kinder auf eine sehr junge Buche aufmerksam gemacht, wie alt die wohl sein mag? „Drei Jahre", lautet die Antwort, „und erst fünf Zentimeter hoch! – So alt wie ich", staunt Janne.

Besonderes Interesse findet nun die Schlangenbuche, die einige Kinder schon kennen. Ihre weit ausladenden niedrigen Äste laden dazu ein, sich auf sie zu schwingen. Bero schüttelt kräftig an einem elastischen Ast, Jost hat eine rätselhafte Struktur in der Rinde entdeckt. Ob da wohl jemand seinen Namen eingeritzt hat, oder ist das ein Muster, welches die Natur geschaffen hat?

Ein am Weg liegender Baumstamm wird der Rastplatz für die Frühstückspause, nebenan auf einem geschwungenen Stammstück sitzt es sich ebenfalls recht bequem. „Wie ein Sofa mit Moos", sagt Maggy.

Kinder im Gespräch mit dem Autor Wolfgang Lübcke.

Nun kommt der Höhepunkt des heutigen Walderlebens! Die Kinder aus Hofgeismar klettern, wie unzählige vor ihnen, in die hohle Kamineiche und winken aus der Öffnung. „Hier wohnt vielleicht ein Geist“, flüstern sich die Kinder leise und geheimnisvoll zu.

Wir sind sicher, dass ihnen dieser Tag im Urwald Sababurg in lebhafter Erinnerung bleiben wird und verabschieden uns mit Respekt vor der engagierten pädagogischen Arbeit der Erzieherinnen.

Ob aus diesem Eichensprössling auch einmal ein Baumriese wird?

Im Urwald verschwunden

In jedem Frühjahr und Herbst zieht es ambitionierte Fotografen aus ganz Deutschland und dem benachbarten Ausland in den Reinhardswald. Im Urwald Sababurg bietet Manfred Delpho Wochenend-Workshops zur Naturfotografie an. Maximal zehn Teilnehmer dürfen es sein und natürlich müssen diese mit ihrer optischen Ausrüstung bestens vertraut sein.

Zu ihnen gehörte auch der 82-jährige Architekt Ferdinand aus Lübeck. Der bisher älteste Teilnehmer ist ein sehr guter Fotograf, der es eigentlich gar nicht nötig hat, sich fortzubilden. Aber er ist begeistert vom Reinhardswald und ganz besonders dem Urwald Sababurg und möchte sich von Manfred Delpho die schönsten Motive zeigen lassen.

Da tanzt doch wieder einer aus der Reihe!

Delpho erzählt: „In aller Frühe waren wir schon auf den Beinen. Wie üblich hatte ich für die fotografische Arbeit im Urwald Sababurg zwei Gruppen gebildet und jeweils mit einer Aufgabe versehen. Dann ging ich von einem Teilnehmer zum anderen, um Ratschläge zu geben. Kurz vor der Mittagspause vermisste ich Ferdinand. Nach längerer Suche fand ich ihn weit von seiner Gruppe entfernt. Er war voll und ganz in das Erleben des Urwalds eingetaucht und hatte darüber Raum und Zeit sowie den Workshop vergessen. Durch die Suche war ich um meine Pause gekommen, aber froh, dass Ferdinand wieder bei uns war."

Von „Eichenspecht“ und Trauerschnäpper

Schaurig klingende, quäkende Rufe ertönen aus den Kronen der alten Eichen, es hört sich an, als ob ein verletztes Tier klagt. Der Naturfotograf und Vogelkenner Günther Schumann vermutet, es ist der Mittelspecht, ein Vetter des in unseren Wäldern weit verbreiteten Buntspechts, aber er kann ihn bei seinem Rundgang im zeitigen Frühjahr durch den Urwald Sababurg hoch oben im Geäst nicht entdecken. Zuhause bestätigt ein Blick in die Fachliteratur: Es ist tatsächlich der merkwürdige Balzgesang des Mittelspechts. Später bekommt

In Eichenkronen kann man den seltenen Mittelspecht entdecken.

Wendiger Jäger im Wald – der Sperber.

Der Buntspecht ist der Vetter des Mittelspechts.

Der Häher versteckt die Eicheln und aus mancher keimt ein junger Baum.

Günther Schumann den Mittelspecht vor die Linse seiner Kamera. Diesen kennzeichnet eine hellrote Kopfplatte und ihm fehlt die schwarze Backenzeichnung des Buntspechts. Der Mittelspecht wirkt zierlicher als sein Verwandter, insbesondere ist sein Schnabel kürzer und schmaler. Das hängt mit der Art seiner Nahrungssuche zusammen. Während der Buntspecht seine tierische Nahrung aus morschem Holz heraushackt, ist der Mittelspecht ein Suchspecht. Er liest Insekten und deren Larven mit seinem Pinzettenschnabel aus der rauen Rinde alter Bäume. Da ist der „Eichenspecht" natürlich bei den urigen Eichen des Urwald Sababurg an der richtigen Adresse. Doch wenn Buchen im Urwald Sababurg das hohe Alter von zwei- bis dreihundert Jahren erreichen können, bietet ihre rauer werdende Rinde dem Mittelspecht ebenfalls eine gute Nahrungsquelle.

Der Kernbeißer ist eine Charakterart in Eichen- und Hainbuchenwäldern, deren Früchte er liebt.

Ein junger Schwarzspecht lugt aus seiner Baumhöhle.

Als Charaktervogel der prächtigen, tief beasteten Buchen im Urwald Sababurg bezeichnet Schumann jedoch den Trauerschnäpper. Der meisengroße Zugvogel ist ein Höhlenbrüter, und geeignete Nistplätze findet er natürlich in diesem naturnahen Wald in großer Zahl. Das weit ausladende Geäst der Buchen bietet ihm geeignete Sitzwarten für seine Jagd auf fliegende Insekten. Eine besonders günstige Situation findet der Trauerschnäpper vor, wenn ein alter Baumriese sein natürliches Lebensalter erreicht hat und zusammengebrochen am Boden liegt. Es entsteht an dieser Stelle eine kleine Lichtung, in der die jungen Bäume hoch wachsen können. Bis es aber so weit ist, tummeln sich in diesem windgeschützten Bereich zahlreiche Fluginsekten, die auf der Speisekarte des Trauerschnäppers stehen.

Ein Mittelspecht an der Bruthöhle.

Eine seltene Aufnahme – balzende Waldschnepfe.

Zwei Begegnungen mit den gefiederten Bewohnern des Urwald Sababurg hat Schumann in besonders lebhafter Erinnerung und erzählt: „Ich stehe an einer zusammengebrochenen Buche und betrachte gerade ein schönes Fotomotiv. Auf der Rinde des toten Baumriesen wachsen Buchenschleimrüblinge, elegant wirkende, dünnstielige Pilze mit reinweißen, porzellanartigen Hüten. Da schießt ganz nah an mir pfeilschnell ein Vogel vorbei und landet auf dem Baumstamm. Es ist ein Sperber-Männchen, auch Terzel genannt, das vielleicht auf der Jagd nach einem Kleinvogel war. Deutlich kann ich das fein rostbraunweiß gestreifte Brustgefieder erkennen. Jetzt hat mich der scharfäugige kleine Greifvogel entdeckt und entschwindet mit wendigem Flug im dichten Geäst."

Günther Schumann schildert eine weitere Beobachtung, die selbst erfahrenen Vogelbobachtern höchst selten gelingen dürfte: „Es ist schon heller Tag, als ich mich einer zusammengebrochenen Buche nähere, um die auf ihr wachsenden Pilze zu betrachten. Plötzlich bemerke ich zwischen dem am Boden liegenden Geäst eine Bewegung. Kurz darauf sehe ich etwas für mich bisher Einmaliges. Zwei Waldschnepfen trippeln mit hängenden Flügeln und abgespreizten, hoch gestellten Schwanzfedern umeinander, dann folgen sie einander in Schleifen und Bögen. Mehrfach sind leise Laute zu hören, die wie ‚Dschäd' klingen. Das gezierte Verhalten der Vögel erinnert mich an eine Operettenaufführung und ich muss unwillkürlich schmunzeln."

Jeder Naturfreund freut sich, wenn er an einem Vorfrühlingstag die Flugbalz der Waldschnepfe, den so genannten Schnepfenstrich, erleben darf. Zeuge einer Bodenbalz des „Vogels mit dem langen Gesicht" zu sein, ist jedoch ein ganz besonderer Glücksfall.

Mit Kamera und Zeichenstift

Bereits als Kind interessierte sich der Naturfotograf Günther Schumann, Jg. 1930, für Tiere und Pflanzen. Über den Urwald Sababurg las er alles, was er kriegen konnte. Wenn er doch einmal dorthin käme, wünschte er sich, als er in Immenhausen lebte, gar nicht weit vom Urwald Sababurg entfernt. Doch es sollte noch dauern, bevor sich das Vorhaben realisieren ließ. Auch in den ersten Jahren nach dem Ende des Zweiten Weltkrieges fehlten Verkehrsverbindungen und die Motorisierung der Bevölkerung steckte in den Anfängen.

Als aber Günthers älterer Bruder sich einen Motorroller anschaffte, stand einem Ausflug in den Reinhardswald nichts mehr im Wege.

Wie Arme ragen die Wurzeln eines umgefallenen Baumriesen in die Luft.

An einem unfreundlichen, spätwinterlichen Tag im März 1952 starteten die beiden. Der Urwald Sababurg empfing sie in düsterer Lichtstimmung. Doch bald wandelte sich dieser erste abweisende Eindruck in dem regenfeuchten Wald in zunehmende Begeisterung. Günther Schumann schildert seine Erinnerungen:

„Die vielen mächtigen alten Eichen und Buchen beeindruckten uns sehr. Manche der urigen, knorrigen Baumriesen wirkten von Wind und Wetter zerzaust. Drohend ragten ihre zum Teil abgestorbenen Äste in den wolkenverhangenen Himmel. Einige Stämme hatte der Blitz gespalten und unter den Kronen versperrten Trümmer von abgebrochenen Ästen unseren Weg. Hin und wieder entdeckten wir einen umgestürzten Baum, der zersplittert und geborsten wie ein vorsintflutliches Untier am Boden lag.“

Gerade bei Nebel oder Dunst wecken die vielfältigen Baumgestalten die Phantasie des Betrachters. In seinem Gedicht „Im Zauberwald“ beschreibt Günther Schumann seine Eindrücke:

An Stämmen, im Geäst versteckt,
leben ungeahnte Formen,
bis wache Sinne sie entdeckt;
Vielfalt ohne Zahl und Normen.

Vorzeitliche Fabelwesen,
Dämonen, Echsen, Ungeheuer,
auf der Rinde ist's zu lesen,
schauervolle Abenteuer ...

Gesichter längst vergangner Zeiten,
die hier im Verborgenen wohnen,
werden nochmals Wirklichkeiten,
sind's nur Trugbilder, Illusionen?

Nach jenem ersten Besuch zog es ihn in den folgenden Jahren wieder und wieder – manchmal in Begleitung seiner Frau Waltraud – per Fahrrad in den Urwald Sababurg, natürlich stets mit der Kamera, um die urigen Bäume sowie die vielfältige Tier- und Pflanzenwelt im Bild festzuhalten.

Buchenkrone bei Sonnenaufgang.

Die Krone einer umgestürzten Buche bedeckt den Waldboden wie ein Fächer.

Vom Blitz gespaltene Buche.

Der Waschbär findet in hohlen Bäumen gute Verstecke.

Diese Drillingsbuche porträtierte Günther Schumann mit dem Zeichenstift.

Eine Eiche wurde 1999 zum Brandopfer.

Bisweilen griff er zum Zeichenstift. Die Merkmale einer uralten Eiche oder Buche mit ihren charakteristischen Strukturen und Merkmalen zu erfassen, ist für ihn eine ganz eigene Herausforderung, die nicht mit der Naturfotografie zu vergleichen ist, sagt Günther Schumann.

Gerne ließ er im Laufe der Jahre Freunde und Kollegen an seinen Urwald-Exkursionen teilhaben. Deren Begeisterung, aus einer nüchternen Alltagswelt in diese ursprünglich wirkende Naturlandschaft einzutauchen, war oft freudig zu spüren, berichtet Günther Schumann. Und er zieht für sich ein ganz persönliches Fazit:

„Meine Beziehung zum Urwald Sababurg hat sich im Laufe der Jahre immer stärker vertieft. Ein Besuch dort ist für mich wie eine Begegnung mit einem alten Freund, die stets aufs neue Freude bereitet, aber immer wieder Rätsel aufgibt.“

Das Eichhörnchen sammelt im Hutewald Eicheln und Bucheckern.

Hirschkäfer und Co.

„Warum interessiert sich ein Wissenschaftler und Naturschützer für Käfer im Urwald Sababurg, die kaum jemand zu Gesicht bekommt?“ Diese Frage stellen wir dem Biologen Dr. Jochen Tamm. Der Kenner des Reinhardswaldes antwortet: „Bei der Erhaltung der Artenvielfalt geht es nicht in erster Linie darum, ob ein Tier auffällig oder schön ist, sondern um seine Funktion im Naturhaushalt. Außerdem ist jede Art Produkt einer Jahrmillionen langen Evolution, ein unwiederbringlicher Teil der Schöpfung, und schon allein deshalb erhaltenswert.“

Totholz bringt Leben!

Im Mulm hohler Eichen leben die Larven des Hirschkäfers.

In natürlichen Laubwäldern können Bäume uralt werden und ihr biologisches Ende erreichen, während in einem Wirtschaftswald die Bäume in ihrer Lebensmitte gefällt werden. Im Naturwald entsteht viel Totholz, das trotz des Namens eigentlich voller Leben ist. Denn – so betont Tamm – es ist „geballte Energie“, nicht nur Energie zum Heizen, sondern auch für Organismen, die Holz verdauen können. Das Tierreich hält eine Reihe von hochgradigen Spezialisten bereit, die Totholz zersetzen können, also gewissermaßen die Aufräumarbeiten im Ökosystem Wald erledigen. Pilze und Käfer leisten die Hauptarbeit. Von den rund 6000 mitteleuropäischen Käferarten leben etwa 1500 im und am Holz. Ein erheblicher Teil von ihnen ist in unseren Wirtschaftswäldern vom Aussterben bedroht, deshalb fordert der engagierte Naturschützer Jochen Tamm, dass Teilbereiche des öffentlichen Waldes aus der Nutzung genommen werden. Der herausragende Artenreichtum des Urwald Sababurg als „national bedeutsames Refugium“ beweise die Wirksamkeit dieser Strategie. Bisher wurden 449 Käferarten gefunden, von denen fast ein Fünftel bundesweit gefährdet ist, darunter ein hoher Anteil von Holzkäfern.

Warum gerade an totem Holz so viele Käferarten zu finden sind, wollen wir wissen. Dazu erklärt der Biologe: „Beim Zerfallen des Holzes bilden sich vor allem in starken Bäumen sehr unterschiedliche Fäulnisstadien und Sonderstrukturen, sei es in ste-

Die berühmte Locheiche oder Kamineiche.

Der seltene Eremit ist nach europäischem Naturschutzrecht geschützt.

Mit ihren geweihartigen Oberkiefern kämpfen Hirschkäfer-Männchen um ein Weibchen.

henden oder liegenden Stämmen. Jedes Zerfallsstadium bietet spezifischen Arten Lebensraum. Eine große Bedeutung haben Mulmschichten, die sich nur in starkem, stehendem Totholz aufbauen können. Deren bekanntesten Besiedler sind Hirschkäfer, Eremit und Nashornkäfer, wobei die beiden ersten Arten europäischen Schutzstatus genießen. Die Larven des Hirschkäfers zum Beispiel brauchen lockeren Mulm, insbesondere von Eichen, in dem sie sich über meist drei bis fünf Jahre entwickeln. Apropos Eichen: Sie werden von mehr Insektenarten besiedelt als alle anderen heimischen Baumarten."

Für Jochen Tamm bietet ein naturnaher Wald wie der Urwald Sababurg außerdem faszinierende Möglichkeiten für den Menschen: „Erkunden, entdecken, erkennen, staunen und sich wundern - Ehrfurcht haben vor der Größe und Fülle der Schöpfung."

Nur die Nashornkäfer-Männchen tragen ein Horn.

Allein mit dem Wolf

Der Naturfotograf Manfred Delpho liebt es, sehr früh unterwegs zu sein, möglichst schon vor Sonnenaufgang, allein in Wald, Feld und Flur zu sein. So ist er auch an einem schönen Maimorgen im Urwald Sababurg unterwegs und hofft auf besondere Tierbeobachtungen. Den Baummarder, auch Gelbkehlchen genannt, hat er hier schon entdeckt. Er findet in den hohlen alten Eichen gute Versteckmöglichkeiten. Vielleicht begegnet dem Naturfotografen ja heute eine Wildkatze, denn der große Reinhardswald bietet ihr gute Lebensbedingungen. Doch manchmal kommt es ganz anders, als man es sich vorher ausgemalt hat, und dieser frühe Pirschgang bescherte Manfred Delpho ein unvergessliches Erlebnis: „Ich stand nur etwa 200 bis 300 Meter von der Straße entfernt an der berühmten alten Wappeneiche und war damit beschäftigt, mein Fotostativ aufzubauen. Plötzlich hallte ein uriges Heulen durch die Stille. Tatsächlich – ein Wolf!

Immer auf der Hut!

Über den Wolf im Reinhardswald

Seit März 2006 gab es Berichte über einen Wolf im Reinhardswald und diese Beobachtungen wurden zunächst mit Skepsis aufgenommen. Schließlich ist es über 150 Jahre her, dass die letzten Wölfe in Nordhessen heimisch waren. Doch dann bestätigten sich die Meldungen. Das Tier wurde fotografiert und es konnte sogar seine Herkunft geklärt werden. Der Wolfsrüde stammte aus einem Rudel, das in der sächsischen Lausitz lebt, wie sich durch genetische Untersuchungen von Kotproben und einem Haarbüschel durch das Senckenberg-Institut in Gelnhausen belegen ließ.

Über fünf Jahre hinweg wurden zahlreiche Sichtungen des Tieres dem Forstamt Reinhardshagen gemeldet. Sein Revier erstreckte sich auf den Bereich zwischen Hannoversch Münden und Bad Karlshafen.

Anderenorts wurde über die Rückkehr der Wölfe gestritten, aber im Reinhardswald war das Tier willkommen. Das hessische Umweltministerium und die Forstbehörden setzten sich für den Verbleib des Wolfes ein. Die durch ihn verursachten Verluste von Nutztieren wurden unbürokratisch ausgeglichen und die Medien berichteten positiv über den Wolf Reinhard, wie man ihn nach seinem Lebensraum nannte.

Leider wurde das Tier im Frühjahr 2011 von Waldarbeitern tot aufgefunden. Laut Untersuchungsbericht der Universität Gießen starb es eines natürlichen Todes. Fachleute halten es jedoch für möglich, dass bald ein neuer Wolf den Weg in den Reinhardswald findet und die Tiere sich auf Dauer ansiedeln. Dieser Optimismus wird durch eine wachsende Wolfspopulation - insbesondere in Sachsen und Brandenburg - genährt. Aber auch in Niedersachsen gibt es wieder ein Wolfsrudel. Übrigens, junge Wölfe können über Entfernungen von mehreren hundert Kilometern in neue Gebiete einwandern.

Wolfsgeheul im Tierpark Sababurg.

Ein großartiges Gefühl, in heimatlicher Landschaft einem Tier zu begegnen, von dem wir glaubten, dass ihm menschliche Verfolgung seinen angestammten Lebensraum für immer geraubt habe. Den Reinhardswälder Wolf, von dem die Medien immer wieder berichtet hatten (s. Kasten), ganz in meiner Nähe zu wissen, bereitete mir keine Angst, denn ich hatte bereits in Alaska Wölfe in freier Natur erlebt und wusste, dass sie sehr scheu sind und die Begegnung mit Menschen meiden. Ich war einfach nur fasziniert von der Stimmung: der herrliche Maimorgen und die Begegnung mit einem Wildtier, das bei uns längst in die Geschichtsbücher und – gerade in der Heimat der

Brüder Grimm – in die Welt der Märchen verbannt war. Ich versuchte, ein paar Schritte in Richtung des Wolfes zu gehen. Vielleicht ließe sich doch wenigstens ein Foto machen, um die ungewöhnliche Begegnung belegen zu können. Aber jedes Mal, wenn ich mich ein wenig genähert hatte, merkte ich, dass der Wolf auf Distanz blieb und um die gleiche Entfernung zurückwich. Doch regelmäßig war sein eindrucksvolles Heulen zu vernehmen. Ich habe es jetzt noch im Ohr. Und dann hatte der wilde Wolf sogar Stimmkontakt, ihm antworteten seine Artgenossen im nur etwa zwei Kilometer entfernten Gehege des Wildparks Sababurg. Immer wenn ich diesem einen Besuch abstatte, muss ich an die unvergessliche Begegnung mit dem Wolf in freier Wildbahn denken.

Nur selten bekommt ein Mensch eine Wildkatze zu sehen.

Morgenstimmung im Urwald Sababurg.

Vorliebe für Pilze

Der Formenvielfalt und Lebensweise der Pilze galt schon immer das besondere Interesse des Naturfotografen Günther Schumann. Die Pilze spielten sogar eine wichtige Rolle für seinen beruflichen Weg. Das kam so: Als guten Kenner des Reinhardswaldes und seiner Tiere bat ein befreundeter Förster Günther Schumann eines Tages, einen Jagdgast zu begleiten, der einen Hirsch erlegen sollte. Es handelte sich um einen Professor der damaligen Hessischen Forstlichen Versuchsanstalt in Hannoversch Münden. Auf dem Hochsitz entspann sich ein Gespräch über Schumanns Leidenschaft für die Naturfotografie, seine damals schon ausgeprägte Vorliebe für die Pilze und schließlich auch über seine Arbeit als Modellbaumeister in einem Kasseler Unternehmen. Gerade zu diesem Zeitpunkt stand für Günther Schumann eine berufliche Veränderung an, da die Design-Abteilung, in der er tätig war, geschlossen werden sollte. Spontan fragte ihn der Professor, ob er nicht in die Forstliche

Der Orangerote Kammpilz zeigt seine leuchtende Farbe nur bei feuchtem Wetter.

Dieser Kammpilz überwächst den Zunderschwamm.

Der Buchenschleimrübling besiedelt lebende und tote Buchenstämme.

Versuchsanstalt wechseln wolle. Als Projektleiter war Schumann dort zuständig für den Schutz von Waldbäumen vor schädigenden Pilzen wie zum Beispiel der Hallimasch. Gefragt war natürlich sein Talent als Fotograf für die verschiedensten Dokumentationen und auch als Zeichner.

Sein neuer Beruf ermöglichte es Schumann, den Urwald Sababurg regelmäßig aufzusuchen. Als Pilzliebhaber war er begeistert von der ungewöhnlichen Vielfalt, die er hier vorfand, darunter zahlreiche seltene

Ein kleines Kunstwerk – die Lamellen des Buchenschleimrüblings.

Lackporling an einer alten Eiche.

So schöne Bilder kann die Natur malen – Ausschnitt eines Zunderschwamms.

Arten. Im Wechsel der Jahreszeiten, vor allem natürlich im Herbst, boten sich ihm schöne Fotoobjekte. Er begann, sich näher mit der Lebensweise der Pilze und ihrer Bedeutung für den Wald zu befassen.

Bis zum Jahr 2000 wurden im Urwald Sababurg ca. 570 Pilzarten festgestellt. Davon sind 47 Prozent Holzbewohner. 28 Prozent der in Hessen bekannten Großpilze kommen hier vor und jeder fünfte Pilz steht auf der Roten Liste der Großpilze Hessens. Aus der großen Artenvielfalt seien nur wenige Beispiele genannt.

Der Riesenporling bildet zahlreiche dachziegelartig angeordnete, gelb-braune Hüte. Der gesamte Fruchtkörper wird bis zu einem halben, im Ausnahmefall sogar bis zu einem Meter breit und kann ein Gewicht von 70 Kilogramm erreichen. Man findet den Holzzerstörer am Fuß stehender abgestorbener Buchen und Eichen.

Ein charakteristischer Bewohner alter Eichen ist der Eichen-Feuerschwamm, dessen knollige bis hufförmige Fruchtkörper 20 Jahre alt werden können. Der Name Feuerschwamm ist darauf zurückzuführen, dass er getrocknet zum Heizen dienen kann. Im Holz des Baumes verursacht er die Weißfäule.

Von den Pilzen, die an alten Rotbuchen siedeln, ist der Zunderschwamm der bekannteste. Er verursacht

Der Austernseitling wächst überwiegend an Rotbuchen und ist ein Winterpilz.

Die Pilzgattung der Helmlinge ist in Deutschland mit etwa hundert Arten vertreten.

Der Winterporling besiedelt vor allem liegende Laubholzstämme.

ebenfalls Weißfäule. Schon die jungsteinzeitlichen Jäger nutzten diesen Baumpilz zum Feuermachen. Ötzi, der Mann aus dem Eis, trug ihn in seiner Tasche bei sich.

Interessant ist, dass bestimmte Pilzarten an unterschiedlichen Baumstrukturen zu finden sind. So besiedelt der Zunderschwamm stehendes Stammholz der Rotbuche. Der Knoblauch-Schwindling, ein Duftpilz, wächst auf deren liegenden Stämmen und Ästen. Die Gemeine Kohlenbeere hingegen besiedelt mit ihren kleinen halbkugelförmigen, rötlichen bis schwarzen Fruchtkörpern das Feinreisig der Rotbuche.

Sogar im Winter kann man im Urwald Sababurg Pilze entdecken, zum Beispiel den Austern-Seitling. Dieser gute Speisepilz, der auch in großen Mengen gezüchtet wird, kommt ebenfalls vorwiegend an Rotbuchen vor.

Die frostresistenten Fruchtköper des Samtfußrüblings gedeihen im Winter.

Bei Wisenten, Wildpferden und Wölfen

Der Tierpark Sababurg ist einer der ältesten in Europa. Bereits 1571 errichtete Landgraf Wilhelm IV. unterhalb seines Jagdschlosses Sababurg einen „Thiergarten“, in dem er fremdländische Arten wie zum Beispiel Rentiere präsentierte. Die eindrucksvollen Eichen-Alleen des Mauerparks, die in sechs Achsen sternförmig auf ein Rondell zulaufen, verdanken ihre Entstehung jagdlicher Nutzung in der Barockzeit. Über die Alleen wurde das Wild dem Jagdstand des Kurfürsten zugetrieben. Im 19. Jahrhundert diente der Park als Weide für die

Die Eichen-Alleen im Tierpark Sababurg verdanken ihre Entstehung früherer Jagdnutzung durch die hessischen Landgrafen.

Hengstfohlen des benachbarten Gestüts Beberbeck. 1973 wurde der Tierpark Sababurg innerhalb des historischen Mauerparks neu eröffnet. Mit rund 250 000 Besuchern pro Jahr zählt er zu den beliebtesten Freizeiteinrichtungen in Nordhessen.

Wir sprechen mit Uwe Pietsch, dem Leiter des Tierparks, über die Konzeption der Anlage. Der Park ist in verschiedene Bereiche eingeteilt: den Kinderzoo, den großen Urwildpark und den Archepark mit seinem Bauernhof. Eine besondere Attraktion ist die Greifvogelstation am Burgberg mit den Flugvorführungen des Falkners Rainer Cremer.

„Die Weitläufigkeit unseres Tierparks sucht seinesgleichen", betont Uwe Pietsch. Mit über 130 Hektar ist er etwa sechsmal so groß wie der Zoo von Hannover. Das Motto der Tierhaltung an der Sababurg lautet „Tiere ohne Grenzen". „Wer beispielsweise zu Beginn seines Rundgangs den Blick auf das Wisentgehege

Wisente lebten bis in das frühe Mittelalter in unseren Wäldern.

Exmoor-Ponys gelten als echte Wildpferde.

Auch im Tierpark ist ein solches Bild ein Glücksfall: Eine Wölfin mit ihrem Neugeborenen.

mit den prächtigen alten Hute-Eichen richtet, nimmt den Zaun zunächst gar nicht wahr, weil dieser in einer Senke verläuft. Besucher bleiben stehen und fragen verblüfft: „Können die Tiere denn da raus?“ Eine Besonderheit im Urwildpark ist die Vergesellschaftung verschiedener Tierarten, zum Beispiel der Wisente mit den Exmoor-Ponys, echten Wildpferden aus England.

Um den hinteren Bereich des Tierparks für die Besucher attraktiver zu machen, ist eine „Elch-Lodge“ aus Naturstämmen entstanden, die von der Größe her

Eine Wölfin säugt ihre Welpen.

in Deutschland als einmalig gilt. Mit der Haltung von Elchen knüpft der Tierpark Sababurg an seine landgräfliche Tradition an.

Von der Gesellschaft zur Erhaltung alter und gefährdeter Haustierrassen wurde der Tierpark Sababurg als erste Einrichtung in Hessen mit dem Prädikat Arche-Park ausgezeichnet. Wichtig ist der Parkleitung die Erlebbarkeit der Tiere für die Besucher. So sind bei den Thüringer Waldziegen und den Sattelschweinen Kontaktbereiche geschaffen worden. Die Besucher können aber auch durch die Gehege der Esel und der Walliser Schwarzhalsziegen gehen.

Luchse haben im Tierpark Sababurg alljährlich Nachwuchs.

Eine besondere Attraktion ist die Flugschau von Falkner Rainer Cremer.

Der Tierpark Sababurg setzt sich für die Erhaltung alter Haustierrassen ein, zum Beispiel des Roten Höhenviehs.

Keinesfalls versäumen sollte man einen Besuch in dem hervorragend gestalteten Tierparkmuseum. Es ist das einzige seiner Art in Deutschland.

Mit seinen über tausend Eichen bietet der Tierpark Lebensraum für eine ganze Reihe von Wildtieren des umliegenden Reinhardswalds. Am auffälligsten sind die fast Bussard großen Kolkraben, die mit ihrem an Hundegebell erinnernden Krächzen über den alten Eichen kreisen. Sie sind darauf aus, einen Fleischbrocken im Wolfsgehege zu ergattern. „Sogar die Fährte eines freilebenden Luchses, der offensichtlich Kontakt zu seinen Artgenossen suchte, haben wir schon am Luchsgehege entdeckt“, berichtet Pietsch.

Die Mitarbeiter des Tierparks freuen sich über die vielen positiven Rückmeldungen der Besucher im Gästebuch. Zum Beispiel schrieben Tanja, Julia und Lina: „Wir kommen immer wieder gern hierher ... Jedes Mal gibt es Neues zu entdecken!“

Wir fragen Uwe Pietsch nach seinen Wünschen für die Zukunft: „Wir wollen unseren Tierpark als Kulturdenkmal pflegen. Dazu gehört die Erhaltung seines schönen Eichenbestandes durch Nachpflanzungen. Keinesfalls soll unser Park ein Disneyland werden. Nach Fertigstellung des Elchgeheges steht nur noch eine Neugestaltung des Wolfgeheges auf meiner Wunschliste.“

Weitere Informationen unter
www.tierpark-sababurg.de

Im Reich der Eichen-Alleen

Der Reinhardswald gilt mit einer Länge von insgesamt 40 Kilometer als Deutschlands größtes Eichen-Alleen-Gebiet. Nach seiner Lieblingsallee gefragt, fällt dem pensionierten Förster Hermann-Josef Rapp die Entscheidung schwer. Soll er die Huteallee der hessischen Staatsdomäne Beberbeck nennen oder die prächtige Allee an der Landesstraße zwischen Reinhardshagen und Holzhausen, die mit ihren mehr als 200 Jahre alten Stieleichen das Eingangstor zum Reinhardswald bildet?

Unter den zu Zeiten der hessischen Landgrafen angepflanzten Eichen-Alleen bilden die in Beberbeck einen Schwerpunktbereich mit einer Gesamtlänge von 8500 Meter. Die längste und eindrucksvollste dieser Alleen gehört zur früheren Hutewald-Landschaft von Beberbeck und bot mit herbstlicher Eichelmast dem Vieh reichlich Nahrung. Die Kurfürstenallee zum Staufenberg erschließt den Friedwald Reinhardswald, der 2001 als erster in Deutschland angelegt wurde.

Über die Geschichte der Eichen-Alleen im Reinhardswald und damit ihr genaues Alter ist leider wenig bekannt, es lässt sich meist nur schätzen. Um die 200 Jahre alt dürfte die Beberbecker Huteallee sein. Die ebenfalls sehr eindrucksvollen Alleen im Tierpark Sababurg wurden Ende des 17. Jahrhunderts und im 18. Jahrhundert angelegt.

Die Eichen-Alleen des Reinhardswaldes schmücken nicht nur die Landschaft, sondern haben auch eine wichtige ökologische Funktion, betont Hermann-Josef Rapp. Sie sind Verbindungslinien in einem Verbund unterschiedlicher Biotope. Die meist alten Bäume bieten mit ihren vielfältigen Strukturen, der rauen Borke, Höhlen, Stammrissen und Astabbrüchen Lebensraum für viele Tiere, zum Beispiel seltene Käfer und etliche Vogelarten, unter ihnen der Mittelspecht.

Alleen stehen grundsätzlich unter dem Schutz des Bundesnaturschutzgesetzes. Allerdings können einzelne Bäume gefällt werden, wenn es die Verkehrssicherheit gebietet. Wenn die herrlichen Alleen des Reinhardswalds erhalten bleiben sollen, sind systematische Nachpflanzungen notwendig. Auf Initiative einer Hofgeismarer Firma und von ihr gesponsert entstand Ende 2012 eine neue Eichenallee an einem Waldweg in unmittelbarer Nähe des Urwald Sababurg. Ein nachahmenswertes Beispiel.

Dazu hat Hermann-Josef Rapp eine Idee. Wie wäre es, wenn junge Paare aus Anlass ihrer Hochzeit eine Eiche pflanzen? Eine Eiche als Symbol der Beständigkeit – eine schöne Erinnerung an einen besonderen Tag.

Die ersten Sonnenstrahlen durchdringen den Morgennebel in der Beberbecker Huteallee.

Die Beberbecker Huteallee im Wandel der Jahreszeiten.

Frühlingsstimmung an den Beberbecker Eichen.

Mit allen Sinnen

Natur erleben mit allen Sinnen – das steht im Mittelpunkt für den Naturfotografen Lothar Feisel, der sich ehrenamtlich für den Schutz des nordhessischen Burgwalds einsetzt, wenn er von seinen Begegnungen mit dem Urwald Sababurg erzählt. Als Wanderer besuchte er den Reinhardswald zum ersten Mal vor über zehn Jahren und war von diesem besonderen Wald stark beeindruckt. Einen vertieften Zugang hat er aber erst durch die Naturfotografie gewonnen.

Bei seinem ersten Besuch war ihm die Bedeutung des Gebietes für den Naturschutz noch nicht so präsent wie heute und es reizte ihn, in die hohle Kamineiche einzusteigen. „Ich weiß noch genau, welchen Geruch ich dort empfand, er erinnerte mich an den eines alten Schrankes", berichtet Lothar Feisel. Der Naturfreund schätzt am Urwald Sababurg die Ruhe, die er förmlich hören kann, wenn er sich früh morgens auf den Weg macht. Dann nimmt er bei seiner Pirsch mit der Kamera die vielfältigsten Eindrücke besonders intensiv auf. Die wechselnden Stimmungen des Lichts und die Vielfalt der Farben und Formen. Oft sind es die Kleinigkeiten, die sein Interesse wecken, zum Beispiel die Strukturen der Baumrinde oder die Gestalt eines Astes. Gern betastet er auch einmal eine

Überraschender Anblick im monotonen Fichtenforst – die Gerichtseiche bei Holzhausen.

Die „Schlangenbuche“ ist der Lieblingsbaum von Lothar Feisel.

Urwald-Gesichter.

alte Eiche oder streicht mit den Fingern über einen Baumpilz.

Bei der Waldfotografie sei es schwierig, sich auf das Wesentliche zu konzentrieren, sagt Lothar Feisel, beispielsweise einen einzelnen Baum optisch so in Szene zu setzen, dass er nicht in seinem Umfeld untergeht. Gerade im Urwald gehe es um die einzelnen Baumgestalten. Eine zentrale Herauforderung ist es für ihn, den mehrdimensionalen Eindruck in der Natur auf die zweidimensionale Ebene des Bildes zu bringen. Vor allem bedarf es bei der Naturfotografie viel Geduld. Manchmal dauert es eben lange, bis das Objekt im günstigsten Licht erscheint oder die Pflanze sich nicht im Wind bewegt. Aber gerade das Warten auf den richtigen Augenblick ermöglicht intensive Naturbegegnungen, betont Lothar Feisel. Immer wieder bieten sich ihm dabei interessante Beobachtungen: Einmal kamen ihm unbemerkt zwei Rehe ganz nahe. Ein anderes Mal setzte sich eine Libelle auf sein Fotostativ und versuchte dort sogar, Eier abzulegen. Natürlich freut er sich, wenn er ein besonders gelungenes Bild mit nach Hause nehmen kann, aber er betont: „Auch wenn das nicht der Fall ist, hat sich der Tag im Urwald gelohnt. Am wichtigsten ist für mich nicht das Anwenden einer aufwändigen Foto-Technik, sondern das Naturerleben."

Nach seinem Lieblingsbaum im Urwald Sababurg befragt, nennt Lothar Feisel eine Buche, deren Äste bis tief herab ansetzen, teilweise sogar den Boden berühren und dann wieder nach oben wachsen. Der imposanteste Baum im Reinhardswald ist für ihn jedoch die Gerichtseiche am Junkerkopf bei Holzhausen. Er schildert, wie er diese bereits auf der Karte ausgemachte Huteeiche, die als die älteste des gesamten Reinhardswalds gilt, zufällig fand. „Ich ging durch eine monotone Fichtenwüste und plötzlich entdeckte ich auf einer kleinen Lichtung den mächtigen alten Baum. Ein eigenartiger Kontrast zwischen dem Wirtschaftswald und dem Zeugen längst vergangener Zeiten!"

Der Stammumfang der Gerichtseiche beträgt 8,50 Meter und ihr Alter wird auf 500 bis 600 Jahre geschätzt. Leider ist über die Geschichte des Baumes nichts bekannt. Vielleicht wurden früher unter ihrem Blätterdach Holzfrevler und Wilddiebe verurteilt. Die Gerichtseiche bei Holzhausen schmückt Bücher über alte Bäume in Deutschland und ist auf einer Karte des Deutschen Baumarchivs verzeichnet.

Junger Riese an der Weidelsburg

Manfred Seydel aus Ippinghausen ist Vorsitzender der Streuobstinitiative im Landkreis Kassel. Streuobstwiesen sind eine traditionelle landwirtschaftliche Nutzungsform. Die Hochstamm-Obstbäume gliedern und prägen die Landschaft und sind ein besonders artenreicher Lebensraum. Die Initiative kümmert sich um die Erhaltung und Pflege dieser Bäume. Die Neuanlage von Streuobstwiesen gehört ebenso zu ihren Zielen wie die Verarbeitung von Früchten mit dem NABU-Qualitätszeichen in regional ansässigen Keltereibetrieben.

Der uralte Wildapfel von Beberbeck.

Dieser Wildapfel im Urwald Sababurg erinnert an dessen frühere Nutzung als Waldweide.

Am Fuße der Weidelsburg bei Ippinghausen hat Manfred Seydel im Rahmen der Ausweisung des Habichtswaldsteigs im Jahr 2011 die Pflanzung eines ganz besonderen Baumes initiiert. Es handelt sich um einen Wildapfel, dessen uralter Stammvater auf der Beberbecker Hute steht. Dieser Wildapfelbaum mit einem Stammumfang von 2,85 Metern stellt eine absolute Rarität dar. Da der Stamm hohl ist, lassen sich leider keine Jahresringe auszählen. Sein Alter wird von Experten auf über 200 Jahre geschätzt. Damit ist er einer der ältesten seiner Art. Gleichwie – die Tage dieses Veteranen aus der Zeit, als die Landschaft um

die Staatsdomäne Beberbeck als Hute für das Vieh genutzt wurde, sind gezählt.

Schade wäre es, wenn das Erbgut dieses seltenen Baumes verlorenginge. Da kam das Projekt „Junge Riesen" gerade recht, das im Jahr 2003 in Kooperation zwischen der Universität Kassel und der Unteren Naturschutzbehörde des Landkreises Kassel auf den Weg gebracht wurde. Besondere alte Bäume wollen die Initiatoren nicht einfach sterben lassen. Die genetischen Ressourcen aller im Landkreis Kassel als Naturdenkmale ausgewiesenen Bäume sollen über Samen oder Stecklinge erhalten werden. Ein Jungbaum soll jeweils in der Nähe des Ursprungbaums gepflanzt werden, aber auch weitere Pflanzungen solcher „Junger Riesen" sind willkommen.

Heinrich Niggemeyer betreibt in Nothfelden eine Bio-Baumschule. Der Erhalt alter Obstbaumsorten, insbesondere nordhessischer Lokalsorten, ist ihm ein Herzensanliegen. Deshalb engagiert er sich als 2. Vorsitzender der Streuobstinitiative im Landkreis Kassel.

Die Früchte des Wildapfels bieten vielen Wildtieren Nahrung. Auf dem Foto liegen sie auf einer staunassen Stelle im Urwald Sababurg.

Heinrich Niggemeyer hat in seinem Betrieb Wildapfel-Sämlinge mit der Bezeichnung Malus Beberbeck herangezogen. Auf diese pfropfte er dann Reiser des Mutterbaums und erzeugte so Abkömmlinge, die mit dem knorrigen Beberbecker Apfelbaum genetisch identisch sind.

Als 2005 das Buch über die Naturdenkmale im Landkreis Kassel erschien, fand Manfred Seydel darin auch das Porträt des Wildapfel-Methusalems von Beberbeck. Sofort zog es ihn zu diesem „alten Riesen“ und er fotografierte ihn begeistert von allen Seiten.

Nun steht ein „Junger Riese“ unterhalb der Weidelsburg am Märchenrastplatz neben einem künstlerisch gestalteten alten Apfelbaum, von dem aus man einen weiten Blick ins Wolfhager Land hat.

Zu den Kostbarkeiten des Urwald Sababurg zählen einige Wildapfelbäume, die sicher weit über hundert Jahre alt sind. Die Licht liebenden Bäume gelten als Relikte früherer Waldweide. Ihre kleinen, als Holzäpfel bezeichneten Früchte ergänzten einst die herbstliche Mast mit Eicheln und Bucheckern für das Vieh. Beliebt sind sie nach wie vor bei Vögeln, Kleinsäugern und beim Wild.

Der Wildapfel wurde zum Baum des Jahres 2013 gewählt. Er ist der einzige Vertreter der Gattung Apfel (Malus), der in Mitteleuropa heimisch ist. Neuere genetische Untersuchungen zeigten, dass er nicht der Urahn unser heutigen Kulturäpfel ist, wie lange vermutet wurde.

Märchenland Reinhardswald

Deutschland als Reiseziel erfreut sich wachsender Beliebtheit. Urlaub im eigenen Land, das liegt im Trend und davon profitiert auch der Reinhardswald. Die positive Entwicklung hat sich, seitdem sich das „Märchenland Reinhardswald" auf der Weltausstellung Expo 2000 in Hannover präsentierte, deutlich verstärkt. Ein Indiz für das steigende Interesse der Tourismus-Branche an der Region ist die Zunahme von Journalisten-Reisen. Die Reporter fragen gezielt nach dem Urwald und dem Tierpark Sababurg und interessieren sich für die historischen Hintergründe. Merklich gestiegen sind Nachfragen aus dem Ausland, zum Beispiel von Reiseveranstaltern aus Japan und China, berichtet Wilfried Eckart, Hauptamtsleiter der Stadt Hofgeismar. Sein Einsatz für den Tourismus vor Ort beschränkt sich nicht auf den dienstlichen Bereich, er ist ehrenamtlich tätig als Vorsitzender des Heimat- und Verkehrsvereins und als Vorsitzender des Fördervereins für den Tierpark Sababurg.

Wer erfolgreich für die Schätze der Heimat werben möchte, braucht eine emotionale Beziehung zur Region, wie sie im Gespräch mit Wilfried Eckart deutlich zu spüren ist. Gern streift der Hobby-Fotograf mit seiner Kamera durch den Urwald Sababurg, der ihn zu jeder Jahreszeit fasziniert: das zarte Grün im Frühjahr, das bunte Herbstlaub und selbst der Winter, weil er jahreszeitbedingte Durchblicke ermöglicht. Jedes Mal gibt es Neues zu entdecken. Und er fügt eine ganz persönliche Erfahrung hinzu: „Wenn ich Probleme habe und mich Stress plagt, mache ich gern einen Rundgang durch den Urwald Sababurg. Die Natur zieht mich so in ihren Bann, dass danach mein Kopf wieder frei ist."

Für den Tierpark Sababurg gibt er aus eigenem Erleben zwei besondere Empfehlungen. „Sie sollten mal an einer Vollmondführung teilnehmen", rät Wilfried Eckart. Er hat sie an einem klaren Februar-Abend mitgemacht und schwärmt: „Das schaurige Heulen der Wölfe und die schwarz in den Himmel ragenden Kronen der alten Eichen – das sind unvergessliche Eindrücke." Zum Abschluss der Führung erwartet die Teilnehmer ein romantisches Lagerfeuer mit heißer Gulaschsuppe und Getränken. Sehr empfehlenswert sei auch das Erlebnispaket „Der Wald und die Tierwelt erwachen" an einem Maimorgen mit vielstimmigem Vogelkonzert. Für beide Veranstaltungen ist eine Anmeldung erforderlich.

Einziger „Urwald" Deutschlands mit Bushaltestelle.

Die Beberbecker Hute bei Sonnenaufgang.

Wer die alten Eichen im Reinhardswald bewundern möchte, sollte unbedingt die Huteallee der Domäne Beberbeck besuchen, betont Wilfried Eckart. Unter den vielen schönen Eichen-Alleen des Reinhardswaldes entfaltet sie eine großartige Wirkung, weil sie in der offenen Landschaft gut zur Geltung kommt. In Beberbeck müsse der Besucher natürlich auch der alten Huteeiche seine Reverenz erweisen, die sogar 2006 auf einer Briefmarke der Deutschen Post zu Ehren gekommen ist. Professor Johannes Graf von der Dortmunder Fachhochschule hat den Baum für die Winterbriefmarke der Sonderserie „Vier Jahreszeiten" gestaltet.

Ein weiteres besonderes Naturerlebnis, so Wilfried Eckart, bietet der FriedWald, der mit seinen altehr-

Das Foto der „Briefmarken-Eiche“ bei Beberbeck entstand aus 80 Einzelaufnahmen. Im Hintergrund der Widerschein ferner Ortschaften, darüber leicht rötlich und grünlich schimmernde Polarlichter.

Rothirsch bei Vollmond (Doppelbelichtung).

würdigen Bäumen deutlich den Charakter des ehemaligen Hutewalds zeigt. Der FriedWald, Deutschlands erster Friedwald, der 2001 eröffnet wurde, wirke sich inzwischen auf die Übernachtungszahlen aus, denn viele Menschen kommen in den Reinhardswald, um die Bäume aufzusuchen, an denen Angehörige oder Freunde ihre letzte Ruhe gefunden haben (www.friedwald.de).

Zu den Rückmeldungen gefragt, die von den Gästen im Reinhardswald kommen, hebt Wilfried Eckart die Nutzer des mitten in Hofgeismar gelegenen Wohnmobilstellplatzes hervor. Er und seine Mitarbeiterinnen im Tourismusbüro bekommen begeisterte Berichte über Besuche im Urwald Sababurg, wobei die Besucher drei Aspekte hervorheben: die Einzigartigkeit dieses Waldes, seine Ruhe und die Wildbeobachtungen.

Als Naturfotograf muss man eben zur rechten Zeit am rechten Ort sein! Nicht häufig habe man dieses Glück, betont Manfred Delpho. Oft – so erzählt er – habe er ein bestimmtes Bild im Kopf, es dauere aber manchmal Jahre, bis er es mit der Kamera realisieren könne. Wie mit den Beberbecker Eichen im Schneesturm.

Beberbecker Hutelandschaft.

Zu Gast im Dornröschenschloss der Brüder Grimm

Für den Reinhardswald-Maler Theodor Rocholl waren Sababurg, die damalige Schlossruine, der Mauerpark und das spätere Naturschutzgebiet Urwald Sababurg, eine harmonische Einheit. Auch Wilhelm Ide verbindet in seiner 1938 erschienenen Schrift „Im Hessischen Märchenwald“ die Geschichte des Dornröschenschlosses Sababurg mit dem ehemaligen landgräflichen „Thiergarten“ und dem Erleben des Urwald Sababurg als „Zauberwald“.

Ganz gleich, aus welchem Fenster des Schlosses wir heute schauen, immer fällt unser Blick auf den weitläufigen Tierpark mit seinen alten Eichen-Alleen,

Die Sababurg kurz vor Sonnenuntergang.

an den unmittelbar der Urwald Sababurg grenzt. „Wir sind das einzige Schloss in Deutschland, das ganz von einem Tierpark umgeben ist“, erzählt uns Günther Koseck, der Chef des Dornröschenschlosses.

Eine Idee der 1975 gegründeten Deutschen Märchenstraße ist es, die Märchen der Brüder Grimm an ganz konkreten Orten lebendig werden zu lassen. Das Märchen von Dornröschen hat Jacob Grimm nach der aus Kassel stammenden Marie Hassenpflug aufgezeichnet. Aber wo ist Dornröschens Schloss zu suchen? „Die Sababurg ist jenes Märchenschloss, das weiß ich ganz gewiss ...“, schrieb aus emotionalem Erleben dieses Ortes heraus schon Wilhelm Ide. Und Günther Koseck weiß zum Hintergrund Interessantes zu ergänzen. Da ist zunächst die versteckte und geradezu verwunschene Lage des einst prächtigen Jagdschlosses des landgräflichen Hauses Hessen im Herzen des Reinhardswalds.

Und was ist mit der Dornenhecke des Märchens? Den 1571 von Landgraf Wilhelm IV. angelegten „Thiergarten“ umschloss vor seiner späteren Einfriedung mit einer fünf Kilometer langen Mauer zunächst eine

Dornröschenschloss unterm Sternenhimmel.

Ein Ort zum Verlieben und zum Heiraten: Die Sababurg.

dichte Dornenhecke. Und schließlich passen viele Details der Schlossarchitektur, bis hin zum kleinen Turm, dessen Wendeltreppe bis unter das Dach führt, wo Dornröschen die alte Frau mit der Spindel entdeckt. So wurde die Anlage schon früh vom Volksmund zum Dornröschenschloss verklärt und später Ursprungsort der Deutschen Märchenstraße.

Die Außenanlagen mit dem Märchenrundgang und einer schönen Rosensammlung können heute besichtigt werden. In den Gastronomieräumen und Hotelzimmern zeigt Familie Koseck zahlreiche Bilder mit regionalen Motiven von Theodor Rocholl, darunter das 1927 entstandene Ölgemälde „Urwaldeichen".

In allen Bereichen achtet Familie Koseck auf eine enge Beziehung zwischen Schloss und Umgebung. Das wird schon deutlich an der Speisekarte mit ihren regionalen Produkten und einem großen Anteil von Wild aus dem Reinhardswald. Ein besonderer Tipp zum Mitnehmen: Eine Stracke vom Reinhardswald-Wildschwein.

Günther Koseck freut sich darüber, dass der neue, zertifizierte Weserbergland-Weg direkt am Fuße des Schlossbergs vorbeiführt. Wanderer sind als Hotelgäste selbstverständlich auch dann willkommen, wenn sie nur eine Nacht bleiben. Und Günther Koseck macht sich die Mühe, die Wanderwege rund ums Schloss selbst zu erkunden, damit er seinen Gästen aktuelle Empfehlungen geben und sie auf Besonderheiten des Reinhardswaldes und seiner Natur hinweisen kann. Sein Tipp: Fahren Sie vom Dornröschenschloss oder vom Tierpark aus mit dem Bus der Linie 190 bis zur Domäne Beberbeck (Bedarfshaltestelle oberhalb von Schloss Beberbeck an der Allee in Richtung Hofgeismar) und laufen Sie von dort zurück zur Sababurg. Diese Tour lässt sich gut mit einem Rundweg durch den Urwald Sababurg verbinden.

Den Urwald Sababurg suchen 80 Prozent der naturinteressierten Hotelgäste auf. „Jeden Tag haben wir mehrere Anfragen zu diesem einzigartigen Stück Natur", berichtet Günther Koseck. Er selbst hat schon häufig Besucher geführt, insbesondere Journalisten und Naturfotografen, oft aus dem Ausland. Begeistert erzählen seine Gäste von Begegnungen mit Rot- oder Schwarzwild auf stillen Wanderpfaden. Einige hatten sogar das ganz besondere Glück, einen scheuen Luchs oder den seltenen Schwarzstorch zu beobachten.

www.dornroeschenschloss.de

Mit viel Glück entdecken Besucher im Reinhardswald den seltenen Schwarzstorch.

Frei lebende Kolkraben sind regelmäßig im Tierpark zu beobachten.

Der Luchs scheut Begegnungen mit dem Menschen.

Biografien der Gesprächspartner

Wilfried Bettenhausen (Jg. 1955)

Geboren ist der Förster in Essen-Werden und aufgewachsen in Kettwig. Er studierte an der Fachhochschule Göttingen Forstwirtschaft. 1987 trat er in die Hessische Forstverwaltung ein und wurde in verschiedenen Dienststellen eingesetzt: Knüllwald, Dautphetal, Burghaun, Hatzfeld und Homberg/Efze. 1998 kam er in das Forstamt Reinhardshagen und betreute dort das Revier Beberbeck. Als dieses im Zuge der Forstreform 2005 aufgelöst wurde, übernahm er die Aufgabe des „Naturschutzförsters". Er betreut über tausend Hektar Naturschutzgebiete im und um den Reinhardswald. Im Rahmen der Öffentlichkeitsarbeit des Forstamtes führt er zahlreiche Gruppen, insbesondere auch in den Urwald Sababurg.
Wilfried Bettenhausen wohnt unweit dieses Schutzgebietes im Forsthaus Beberbeck.

Helmut Burmeister (Jg. 1940)

Der pensionierte Oberstudienrat hat Deutsch, Englisch, Volkskunde sowie Altnordisch studiert und war Lehrer an der Albert-Schweitzer-Schule in Hofgeismar.
Seit 1977 leitet er ehrenamtlich das Stadtmuseum Hofgeismar, das überregional große Anerkennung genießt, nicht zuletzt wegen der bemerkenswerten Ausstellungen.
Helmut Burmeister ist Vorsitzender des Geschichtsvereins Hofgeismar und hat zahlreiche historische Publikationen verfasst. Er gibt die Schriftenreihe „Die Geschichte unserer Heimat" heraus und war bis 2013 verantwortlicher Redakteur des Jahrbuchs für den Landkreis Kassel.

Manfred Delpho (Jg. 1948)

Zur Naturfotografie ist Manfred Delpho durch die Naturschutzarbeit beim NABU in seinem Wohnort Gudensberg motiviert worden. Seit mehr als 20 Jahren hat er sein Hobby zum Beruf gemacht. National und international gewann er viele bedeutende Fotopreise. 2002 wurde er von der Gesellschaft Deutscher Tierfotografen zum „Naturfotograf des Jahres" gewählt.
In vielen Büchern und Zeitschriften werden seine Bilder veröffentlicht. Mit seinen Vorträgen über die heimische Natur und über seine Auslandsreisen ist er ein gefragter Referent.
Zusammen mit Wolfgang Lübcke als Textautor hat er den offiziellen Bildband „Im Reich der urigen Buchen" über den Nationalpark Kellerwald-Edersee herausgebracht. Im Wartberg Verlag erschienen von ihm und seiner Frau Gisela die beiden Bildbände „Naturerlebnis Nordhessen" und der Bildband „Unterwegs mit dem Naturfotografen".

Wilfried Eckart (Jg. 1956)

Der Haupt- und Personalamtsleiter der Stadtverwaltung Hofgeismar geht in seiner Freizeit sehr gern mit seiner Frau auf Entdeckungsreise. Das Ehepaar besucht unterschiedlichste Ziele in der ganzen Welt, um andere Menschen und Kulturen kennen zu lernen. Sein besonderes Hobby ist dabei die Fotografie.
Als Bergwanderer oder Radfahrer ist er gerne auf Erkundungstour. Sein besonderes Interesse gilt der Stadt Hofgeismar und der Region Reinhardswald. Dafür setzt er sich seit vielen Jahren ehrenamtlich ein. Unterstützt durch engagierte Teams ist er 1. Vorsitzender des Heimat- und Verkehrsvereines Hofgeismar, 1. Vorsitzender des Fördervereins Freunde des Tierparks Sababurg und Vorstandsmitglied in der Region Kassel-Land e.V.

Lothar Feisel (Jg. 1966)

Beruflich ist er als Erzieher in der Blindenstudienanstalt Marburg tätig und hat eine Zusatzausbildung als Natur- und Umweltpädagoge absolviert. Ehrenamtlich engagiert er sich als stellvertretender Vorsitzender der Aktion „Rettet den Burgwald", in deren Jahresprogramm er auch Führungen anbietet.
Mit seiner Familie lebt er in Wetter-Mellnau, am Rande des Burgwalds. Sein Hobby ist die Naturfotografie und dabei sind die Insekten sein besonderes Steckenpferd. Er arbeitet ehrenamtlich mit beim Tagfalter-Monitoring Deutschland und ist Mitglied des Arbeitskreises Libellen in Hessen.
Seine Naturfotos präsentiert er im Rahmen von Ausstellungen, so 2013 im Nationalpark-Zentrum Kellerwald-Edersee.

Karl Garff (Jg. 1936)

Der pensionierte Studiendirektor war stellvertretender Leiter des Studienseminars I für das Lehramt an Gymnasien in Kassel. Neben seiner Tätigkeit in der Lehrerausbildung hat er sich als nordhessisch eingefärbter Kabarettist einen Namen gemacht. Er ist bei zahlreichen kulturellen Veranstaltungen aufgetreten, u. a. im Staatstheater und im Kulturzelt Kassel. Auch in vielen Fernseh- und Rundfunksendungen wirkt er nach wie vor mit. Zu seinem jetzigen Unruhestand gehören aber auch Benefizabende und Kindertheater.
Karl Garff lebt am Rande des Reinhardswaldes auf Gut Waitzrodt bei Immenhausen.

Günther Koseck (Jg. 1967)

Der Gastgeber auf dem Dornröschenschloss Sababurg ist im Reinhardswald geboren und aufgewachsen. Er hat Koch gelernt und Wirtschaftswissenschaften studiert. Seine Großeltern kamen nach dem Zweiten Weltkrieg aus Ostpreußen nach Hessen und haben die damalige Schlossruine wieder mit Leben erfüllt. In den letzten 60 Jahren hat Familie Koseck aus einer kleinen Ruine im Wald das weltbekannte Dornröschenschloss Sababurg entwickelt. Günther Koseck leitet dieses in dritter Generation.
Außerdem ist er in den Bereichen strategische Regionalentwicklung, Erbe der Grimms sowie UNESCO-Welterbe ehrenamtlich engagiert und hat u. a. im Rahmen des regionalen Dachmarkenansatzes ‚GrimmHeimat NordHessen' mehrere Bücher herausgegeben.

Uwe Pietsch (Jg. 1962)

Der Chef des Tierparks Sababurg ist seit 1990 beim Landkreis Kassel beschäftigt. Seit 2009 leitet er die Eigenbetriebe des Landkreises Kassel. Bereits seit 1994 war er für die Finanzen der Eigenbetriebe zuständig und war ab 2000 stellvertretender Betriebsleiter. Er hat eine Ausbildung als Verwaltungsfachwirt und Betriebswirtschaft studiert.

Uwe Pietsch wohnt in Hofgeismar-Hombressen, direkt am Reinhardswald. In seiner Freizeit joggt er gern, fährt Rad und verbringt Zeit mit seiner Familie.

Josef-Hermann Rapp (Jg. 1944)

Seit 1972 lebt der Forstoberamtsrat a. D. in Veckerhagen an den Weserhängen des Reinhardswaldes. Diesen lernte er zunächst als Sachgebietsleiter der Hessischen Forstlichen Versuchsanstalt in Hannoversch Münden kennen und war von 1991 bis zu seiner Pensionierung im Jahr 2000 stellvertretender Leiter des Forstamts Reinhardshagen. Zu seinen Aufgabengebieten zählten der Naturschutz und die Öffentlichkeitsarbeit. Nach seiner Pensionierung engagierte er sich im Auftrag der Oberen Naturschutzbehörde ehrenamtlich als Betreuer von fünf Naturschutzgebieten im Reinhardswald, darunter das NSG „Urwald Sababurg".
Im Naturschutzbund Deutschland (NABU) und in der Hessischen Gesellschaft für Ornithologie und Naturschutz (HGON) ist seine Fachkompetenz gefragt.
Zahlreiche Veröffentlichungen über den Reinhardswald stammen aus seiner Feder.

Norman E. Rogers (Jg. 1937)

Der Maler wurde in San Jose in Kalifornien geboren. Er absolvierte ein Kunst- und Grafikstudium am California College of Arts and Crafts in Oakland (USA) und schloss sein Studium am San Jose State College als „Bachelor of Arts" ab. Durch seinen Militärdienst kam er nach Deutschland, das ihm seit 1964 zur zweiten Heimat wurde. Ab 1965 war er als Direktor für das Freizeitprogramm der US-Army zuständig, von 1974 bis 1991 als Direktor der Graphic Arts Division im Auftrag des Europa-Hauptquartiers der US-Army in Heidelberg.
Mit seiner Frau Elsbeth, einer Försterstochter, lebt der Diplom-Grafik-Designer als freischaffender Künstler auf Schloss Unterbessenbach bei Aschaffenburg. Da seine Ehefrau ein Haus im Knüll besitzt, führt ihn der Weg immer wieder nach Nordhessen. Mit seinen Baumporträts hat er zahlreiche Ausstellungen gestaltet, u. a. in Hofgeismar zum Reinhardswald und in Bad Wildungen zum Nationalpark Kellerwald-Edersee und in Willingshausen über alte Bäume in Nordhessen.

Dr. Marcus Schmidt (Jg. 1965)

Der Diplom-Biologe hat sich als Waldökologe einen Namen gemacht. Er ist wissenschaftlicher Mitarbeiter im Bereich Waldnaturschutz/Naturwaldforschung an der Nordwestdeutschen Forstlichen Versuchsanstalt in Göttingen, wo er auch mit seiner Familie wohnt. Schon als Schüler engagierte er sich in einer Naturschutz-Jugendgruppe in Kassel. Dem Vorstand der Nordhessischen Gesellschaft für Naturkunde und Naturwissenschaften (NGNN) gehört er als Schriftführer an und wirkt in der Redaktion des Jahrbuchs „Naturschutz in Hessen" mit. Den Themen Vegetationsökologie, Naturschutz und Artenvielfalt hat er zahlreiche Publikationen, Vorträge und Exkursionen gewidmet. Im NSG „Urwald Sababurg" führte er 2005 eine floristische Erfassung durch, deren Ergebnisse er in der Zeitschrift „forstarchiv" veröffentlichte.

Günther Schumann (Jg. 1930)

Als Junge wollte er Förster werden, bedingt durch die Kriegs- und Nachkriegsjahre führte ihn sein Berufsweg aber zunächst als Modellbaumeister in die Design-Abteilung eines Kasseler Unternehmens. Später bot sich ihm die Chance, in der damaligen Hessischen Forstlichen Versuchsanstalt in Hannoversch Münden tätig zu sein. Dort wirkte er als Technischer Angestellter in der Abteilung für Waldschutz. Er gilt als einer der besten Kenner des Reinhardswaldes. Seit seinem Ruhestand lebt er in Homberg/Efze.
Mit der Naturfotografie begann Günther Schumann Mitte der 50er-Jahre. Zahlreiche Naturfreunde kennen sein Starfoto, das ihm im Reinhardswald gelang: Ein Fuchs steht aufgerichtet hinter dem Stativ und blickt anscheinend durch den Sucher des Fotoapparates. Mit diesem Schnappschuss wurde Günther Schumann 1991 Naturfotograf des Jahres der Gesellschaft Deutscher Tierfotografen.

Manfred Seydel (Jg. 1946)

Der ehemalige Bankangestellte engagiert sich als Vorsitzender der Streuobstinitiative im Landkreis Kassel (SILKA). Außerdem ist er Vorstandsmitglied der Naturlandstiftung Hessen, Kreisverband Kassel. In seinem Wohnort Ippinghausen bei Wolfhagen gehört er zu den Aktiven der örtlichen Arbeitsgruppe für Umwelt- und Naturschutz.
Mit dem traditionellen Shantygesang pflegt er ein besonderes Hobby, das ihn auch auf Auslandsreisen führt. Der kleine Chor bietet Arbeitsgesänge dar, die früher auf Segelschiffen gesungen wurden.

Dr. Jochen Tamm (Jg. 1948)

Als Biologiedirektor war Dr. Jochen Tamm in der Oberen Naturschutzbehörde des Regierungspräsidiums Kassel für die Betreuung der Naturschutzgebiete, unter anderem auch im Reinhardswald, zuständig. Zu seinen Arbeitsschwerpunkten gehörten die Errichtung des Nationalparks Kellerwald-Edersee und des Biosphärenreservats Rhön.
Seine Dissertation hat er über das Ökosystem der jahresperiodisch trocken fallenden Bereiche des Edersees angefertigt. Er ist ein hervorragender Kenner verschiedener Artengruppen, zum Beispiel der Vögel und Libellen.
Ehrenamtlich engagiert er sich als stellvertretender Vorsitzender der Hessischen Gesellschaft für Ornithologie und Naturschutz (HGON). Der Naturschutz im Wald ist ihm ein besonderes Anliegen.

Dieter Uffelmann (Jg. 1953)

Der Trendelburger Dieter Uffelmann, alias Ritter Dietrich, kann auf ein abwechslungs- und erkenntnisreiches Berufsleben zurückblicken. Er hat Müller und Kaufmann gelernt, war einige Jahre bei der Bundeswehr und bei der Raiffeisenbank. Seit 1991 arbeitet er im Tourismus, wo ihm seine vielfältigen Erfahrungen im Umgang mit Menschen zugute kommen.
In mittelalterlichem Gewand begleitet er die Gäste des Reinhardswaldes, zum Beispiel auf historischen Stadt- und Burgführungen in der Region und im Urwald Sababurg sowie am Naturdenkmal Nasser Wolkenbruch in Trendelburg. Gern erzählt er Sagen, Legenden und Märchen.